Der Tibetische Almanach

Ein Orakelspiel
mit persönlichen Weissagungen für jeden Tag

STEPHEN HODGE

MIT ILLUSTRATIONEN VON

Tsering Dorje

AURUM

Die englische Originalausgabe erschien unter dem Titel „ *The Tibetan Almanac* “ bei
Connections Book Publishing, London.

Ins Deutsche übersetzt von Dr. Verena Moser
Umschlaggestaltung: Jutta Kümpfel

Die Deutsche Bibliothek – CIP-Einheitsaufnahme
Ein Titeldatensatz für diese Publikation ist bei der Deutschen Bibliothek erhältlich.

2001
ISBN 3-591-0808479-4

Printed in Spain

Inhalt

Einleitung

◆

Aus Schaden wird man klug. Wie viel einfacher wäre alles, wenn wir eine Möglichkeit hätten, unser Leben so zu führen, dass wir gar nicht erst in unsichtbare Fallen tappen müssten, um anschließend klüger zu sein. Nach buddhistischer Auffassung ist unser Leben genau wie das ganze Universum Teil eines Gewebes, in dem Ursachen und Wirkungen eng miteinander verflochten sind. Der tibetische Almanach bietet uns die Möglichkeit zu erkennen, in welcher Phase unseres Wachstums wir uns gerade befinden, und kann uns vor unerwarteten Entwicklungen warnen.

Lesen Sie die folgende Einleitung, bevor Sie sich daran machen, Ihren persönlichen Almanach zu erstellen. Ausführliche Anleitungen dafür finden Sie auf den Seiten 21 bis 23 und 76 bis 77.

Seit Anbeginn der Zeit sehen sich Menschen überall auf der Welt mit Ungewissheit und Veränderungen in ihrem Leben konfrontiert und fragen sich, wie sie am besten damit umgehen können. In der Vergangenheit fühlten sich die meisten Menschen angesichts des Unerwarteten völlig hilflos, denn es gab in der Tat meist nicht viel, was sie aus eigener Kraft tun konnten, um die Ereignisse zu beeinflussen. Auf diese Weise sind viele Religionen entstanden.

DIVINATIONSSYSTEME

Manche Menschen glaubten, dass Gebete und Opfer einen Gott oder eine Göttin veranlassen könnten, sie vor unerwünschten oder unerwarteten Ereignissen zu beschützen oder einen inbrünstigen Wunsch zu erfüllen. Andere verließen sich auf Medien oder Schamanen als Vermittler zwischen der menschlichen und der unsichtbaren Welt, aus der ein Gott oder Geist herab kam und Besitz von dem Medium nahm, so dass der Fragesteller direkt nach der Ursache eines Problems oder nach der für den erfolgreichen Ausgang eines Projekts nötigen Handlung fragen konnte. Schamanen arbeiteten ähnlich, nur dass sie für sich in Anspruch nahmen, selbst die Geisterwelt besuchen zu können, um die unsichtbaren Wesen zu befragen.

Basierend auf Antworten, die den Fragestellern von Medien oder Schamanen gegeben wurden, entwickelten viele Kulturen eine Sammlung fertiger Antworten, einfache Divinationssysteme, mit deren Hilfe Menschen, die selbst keine Experten waren, sich selbst beraten konnten. Das berühmteste dieser Systeme ist das chinesische I Ging. Der Fragesteller erhält durch Werfen einer Münze eines von 64 Hexagrammen, dessen Deutung er oder sie dann in einem Buch mit standardisierten Deutungen nachschlägt. Ähnliche Systeme wurden in Indien und Tibet entwickelt. Die gemeinsame Schwäche solcher Methoden ist, dass ihre Antworten sich auf einzelne Fragen zu einem bestimmten Zeitpunkt beziehen und die langfristigen Muster, die das Leben der Menschen durchweben, unberücksichtigt lassen.

DIE VERWENDUNG VON KALENDERN

Viele modere Menschen leben in städtischen Gesellschaften und haben wenig Kontakt zur Natur. Für die meisten von uns ist der Sommer die Zeit, in der man in Urlaub fährt, und der Winter die Zeit, in der Weihnachten gefeiert wird. Die Nächte in den Städten werden durch das grelle Licht der Straßenbeleuchtung erhellt und kaum jemand nimmt die langsamen Bewegungen der Sterne, der Sonne und des Mondes wahr. In früheren Zeiten, als die meisten Menschen noch auf dem Land lebten und arbeiteten, war ihre Wahrnehmung eine ganz andere.

Lange vor Einführung des Ackerbaus vor mehr als 10.000 Jahren erkannten die Menschen, dass in der sie umgebenden Welt deutliche und vorhersagbare Muster am Werk waren. Zu einer bestimmten Jahreszeit war es immer kalt, zu einer anderen regnete es sehr viel und zu wieder einer anderen war es immer trocken. Die Auswirkungen der Jahreszeiten auf die Lebewesen war offensichtlich und die frühen Bauern lernten, dass die Saat im Frühling gesät und gut gewässert werden musste, damit die Sommersonne sie wärmen konnte. Im Herbst reifte das Getreide und vor Beginn des Winters, wenn alles vertrocknete und abstarb, war es zur Ernte bereit.

Das Wissen um diese Zusammenhänge machte einige bisher unerwartete Ereignisse vorhersagbar und in Kulturen, die eine Schrift entwickelt hatten, wurden zu dieser Zeit wahrscheinlich die ersten Kalender aufgestellt. Die Ägypter gehörten zu den ersten Völkern, die einen hoch entwickelten Kalender für die Vorhersage der Zeiten im Jahr besaßen, wenn der Nil anschwoll und seine Ufer mit lebensspendendem Schlamm und Wasser überflutete. Auch die Chinesen arbeiteten detaillierte Kalender aus, um die Bauern durch die Jahreszeiten zu führen.

Obwohl Kalender in der westlichen Welt heute vor allem eine Berechnung der Wochen und Monate des Jahres liefern, enthalten die meisten von ihnen nach wie vor einiges Material, das zur Vorhersage im Sinne der alten Kalender verwendet werden kann. Sie geben zum Beispiel an, wann Vollmond oder Neumond sein wird, wann die verschiedenen Tagundnachtgleichen und Sonnenwenden stattfinden werden und auf welche Tage die wichtigsten kirchlichen und gesetzlichen Feiertage fallen. Sie bieten uns die Möglichkeit, unser Leben auf Monate im Voraus zu planen.

DER TIBETISCHE KALENDER

Aufgrund seiner geographischen Lage zwischen China, Indien und Persien war Tibet jahrhundertelang für die Einflüsse seiner Nachbarn offen. Dies zeigt sich in verschiedenen Bereichen – in der Kunst, in der Medizin und, was für dieses Buch am wichtigsten ist, in der Astronomie und der Kalenderberechnung. Die Tibeter verwendeten unterschiedliche Kalendersysteme, wobei das Hauptsystem auf den komplizierten Lehren des Kalachakra Tantra beruht. Der tibetische Kalender wird nach den auf diesem Text basierenden Berechnungen jedes Jahr neu aufgestellt und bietet eine genaue Möglichkeit, die Sterne, Planeten und Tierkreiszeichen zu platzieren.

Eine andere charakteristische Eigenschaft des tibetischen Kalenders ist die Verwendung der zwölf auf das Geburtsjahr bezogenen Tierzeichen chinesischen

Ursprungs in Verbindung mit den fünf Elementen – Erde, Wasser, Feuer, Holz und Eisen. Dies ergibt einen Zyklus von sechzig Jahren, der auch verschiedenen anderen tibetischen Divinationssystemen zugrunde liegt.

DIE ENTWICKLUNG DES ALMANACHS

Ein Almanach entsteht, indem man ein Divinationssystem mit einem Kalender kombiniert. Wie der vorliegende tibetische Almanach bauten die ersten Almanache auf einem Grundgerüst aus Tagen und Monaten auf, die das Jahr bildeten. In dieses Grundgerüst wurden bestimmte Tage eingetragen, die durch ihren Zusammenhang mit äußeren Ereignissen für glück- oder unglückbringend gehalten wurden. Jeder Tag hatte besondere Eigenschaften, die mit bestimmten Personen entsprechend dem Tag ihrer Geburt in Zusammenhang gebracht werden konnten. Dieser alte englische Reim zeugt davon:

Montagskind hat ein hübsch' Gesicht,
Dienstagskind ist anmutsvoll,
Mittwochskind des Jammers voll,
Donnerstagskind hat weit zu geh'n,
Lieblich Freitagskind gibt gern und viel,
Samstagskind hat Arbeit viel,
Und ein Kind, das am Sonntag geboren ist,
Ist klug und hübsch und gut und froh.

Außerdem konnte man aus dem vollständigen Geburtdatum einer Person mit Hilfe der Numerologie andere Aspekte ihres Charakters erkennen und künftige Ereignisse in ihrem Leben ableiten. Viele Formen der Astrologie entspringen einer Kombination aus Numerologie, Beobachtung der Jahreszeiten und Planentenbewegungen.

DER TIBETISCHE ALMANACH

Obwohl er seiner Natur nach nicht astrologisch ist, benutzt der tibetische Almanach einige dieser Elemente. Er kombiniert sie jedoch auf einzigartige Weise mit einer Bildsprache, die vor allem aus den Einsichten und Lehren des Buddhismus abgeleitet ist. Daher müssen wir, um den tibetischen Almanach wirklich erfassen zu können, auch einige der wesentlichen buddhistischen Lehren verstehen.

Angesichts der Tatsache, dass die christliche Kirche allen Formen der Divination stets feindlich gegenüberstand, mag uns dies überraschen, aber der Buddhismus war von jeher bereit, menschliche Schwächen zu berücksichtigen, denn er erkannte, dass Menschen nicht immer in der Lage sind, seinen Idealen der Meditation und des Losgelöstseins von den Ansprüchen des Alltagslebens zu folgen. Aus diesem Grund werden unterschiedliche Formen der Weissagung, die in buddhistischen Ländern weit verbreitet sind, nicht im Widerspruch zu den spirituellen Idealen des Buddhismus gesehen. Sie gelten vielmehr als kunstgerechte Mittel, um Menschen in die grundlegenden Konzepte und Verhaltensmuster des Buddhismus einzuführen.

Die Lehren des Buddha

Gautama, der später der Buddha werden sollte, wurde im fünften Jahrhundert vor Christus als Prinz geboren. Mit neunundzwanzig Jahren verließ er den Palast seines Vaters, in dem er jeden Komfort und alle erdenklichen Vergnügungen genossen hatte, um das Leben eines religiösen Wanderers auf der Suche nach Antworten auf die Fragen um das Leid der Menschen zu beginnen. Nach sechs Jahren vergeblicher Suche, in denen er berühmte Lehrer aufsuchte und sich mit den mühsamen asketischen Praktiken abquälte, die damals in Indien üblich waren, entdeckte Gautama schließlich selbst den höchsten Frieden und die größte Wahrheit.

Er fand einen kleinen Hain am Ufer des Nairanjana, einem Nebenfluss des Ganges. Dort setzte er sich hin und schwor, nicht wieder aufzustehen, bis er Befreiung und Erleuchtung erlangt hätte. Er verbrachte die Nacht in tiefer Meditation und dann, gerade als der Morgen dämmerte, wurde er erleuchtet. Von nun an war er als Buddha, der Erleuchtete, bekannt und verbrachte den Rest seines Lebens damit, anderen den Weg zu zeigen, den er entdeckte hatte und der allen Menschen Frieden und vollständige Befreiung von Leiden bringen würde.

AUS DER ERLEUCHTUNG FOLGENDE EINSICHTEN

Das Wesen seiner Erleuchtung war so außergewöhnlich, dass der Buddha selbst sich außerstande sah, es zu beschreiben. Den Worten des Buddha zufolge übersteigt die Natur der Erleuchtung sämtliche Vorstellungen und alles, was in Worte gefasst werden kann. Wir wissen jedoch, dass er nach seiner Erleuchtung zwei Dinge erreichte. Erstens merzte der Buddha sämtliche Spuren jener tief verwurzelten Muster der Ignoranz und des Anhaftens in sich aus, was gewöhnliche Menschen nur erreichen, indem sie wiederholte Zyklen von Geburt und Tod durchlaufen. Dadurch wurde seine spirituelle

Sicht so rein, dass er die wahre Natur aller Phänomene erkennen konnte und auf diese Weise Einsicht in die Art und Weise gewann, wie die Welt und alle ihre Bewohner beschaffen und strukturiert sind.

Die Legende sagt, dass der Buddha anfangs zögerte, anderen diese Einsicht zu vermitteln, denn er befürchtete, dass niemand fähig sein würde, seine Botschaft voll und ganz zu verstehen. Doch nachdem er ein paar Wochen in einsamem Nachdenken verbracht hatte, beschloss er, sich auf den Weg nach Varanasi (Benares) zu machen, wo er seine erste Lehrrede vor fünf seiner früheren Mit-Asketen hielt, die daraufhin alle die Erleuchtung erlangten. Die restlichen fünfzig Jahre seines Lebens verbrachte der Buddha damit, Menschen aller sozialen Schichten auf den Weg zur Erlangung inneren Friedens und höchster Befreiung aus dem scheinbar endlosen Zyklus der Geburten und Tode zu führen.

ABHÄNGIGES ENTSTEHEN

Aus seinen Lehren wird klar, warum der Buddha ein einzigartiger religiöser Lehrer war: Er glaubte nicht an die Existenz eines allmächtigen und allwissenden Schöpfergottes und daran, dass menschliche Angelegenheiten auf irgendeine Weise von einem solchen Gott bestimmt oder geordnet werden. Allerdings lehrte er auch nicht, dass das Universum eine Ansammlung von zufälligen und chaotischen Ereignissen sei. Er erkannte vielmehr, dass es ein strukturierendes Prinzip gibt, das diese beiden Extreme vermeiden und alle Dinge erklären konnte. Im wesentlichen glaubte er, dass Ereignisse weder zufällig und ohne Grund eintreten, noch dass sie von einem Gott vorbestimmt werden.

Was er durch seine Erleuchtung entdeckt hatte, war das Gesetz des abhängigen Entstehens, das allen Ereignissen sowohl in der Welt als auch auf der persönlichen Ebene zu Grunde liegt. Nach der Lehre des Buddha ist das Verstehen dieses Gesetzes wesentlich, um sich aus dem unbarmherzigen Kreislauf der Geburten und Tode zu befreien. Buddha sagte über das Gesetz des abhängigen Entstehens: „Dieses Werden, das wird; das Entstehen von diesem verursacht das Entstehen von jenem; dieses Nicht-Werden, das nicht wird; das Zugrundegehen von diesem verursacht das Zugrundegehen von jenem." Er lehrte, dass alles ständig im Fluss ist und jeglicher Beständigkeit ermangelt, dass sich alle Dinge allmählich oder plötzlich von Moment zu Moment verändern, egal ob es sich um gewaltige Berge oder um winzige menschliche Wesen handelt. Buddha beschrieb keine einfache lineare Kausalität, bei der ein Ereignis direkt zu einem anderen führt. Er erkannte vielmehr, dass jede Situation das Ergebnis einer extrem komplizierten Interaktion verschiedener Ursachen und Bedingungen ist.

Dieser Prozess, so lehrte er, bildet das Herz des Universums. Er erklärt, wie alles in Ordnung kommt, ohne dass ein beaufsichtigender Gott vonnöten ist, während gleichzeitig nihilistisches Chaos vermieden wird. Alles entsteht auf diese Weise, auch wir selbst mit all unseren Gedanken und Erfahrungen.

DER ENDLOSE KREISLAUF DER WIEDERGEBURTEN

Wie in vielen anderen Kulturen glaubte man in Indien zu Lebzeiten des Buddha an einen endlosen Kreislauf der Wiedergeburten. Die Menschen gingen davon aus, dass der Tod eines Individuums nicht das Ende seines Lebens auf der Erde bedeutete. Sie glaubten, dass dieses Individuum wiedergeboren werden musste, um alle Angelegenheiten zu vollenden, die zum Zeitpunkt seines Todes „unerledigt" geblieben waren.

Da die meisten Menschen in einem einzigen Leben schon genug an Unglück, Leid und Enttäuschung erlebt hatten, war die Vorstellung eines endlosen Kreislaufs solcher Leben für sie zutiefst deprimierend. Der Buddha hatte es geschafft, diesen Kreislauf des Elends zu durchbrechen und wollte anderen helfen, das Gleiche zu tun. Als er erleuchtet wurde, erkannte er, dass die treibende Kraft hinter diesem Kreislauf das Karma ist.

DIE KRAFT DES KARMA

Im allgemeinen westlichen Sprachgebrauch wird Karma oft mit „Schicksal" übersetzt, aber das entspricht nicht der buddhistischen Bedeutung des Wortes. Einfach ausgedrückt ist Karma die Motivation hinter jeder Handlung und hinter den Ergebnissen dieser Handlung. Wenn die Motivation für eine Handlung negativ ist, wird das Ergebnis negativ sein, wenn die Motivation positiv ist, dann wird das Ergebnis positiv sein. Wenn sie mit Unbeständigkeit und Veränderung konfrontiert werden, reagieren Menschen oft nervös und ängstlich. Sie möchten sich vor Veränderung schützen. Unglücklicherweise setzen die meisten Menschen selbstsüchtige Strategien ein, um dies zu tun. Aus buddhistischer Sicht sind selbstsüchtige Strategien jedoch immer negativ. Wut, Anhaften, Gier, Eifersucht und Stolz sind nur einige der Gefühle, die Menschen motivieren, wenn sie versuchen, Veränderungen zu vermeiden oder nicht Vertrautem aus dem Weg zu gehen. Jede Motivation, die auf einem dieser negativen Gefühle basiert, hat eine negative Handlung zur Folge. Diese negative Handlung hinterlässt eine negative Energiespur im Geist, die dort bleibt, bis sie sich in einer passenden Situation erneut manifestieren kann. Ein Mensch bleibt so lange im Kreislauf der Geburten und Tode gefangen, bis er alle Negativität überwunden hat.

Nach Buddhas Lehre gibt es eine Möglichkeit, diesen Kreislauf zu durchbrechen. Sie besteht im Erlangen von Einsicht in seine Wirkungsweise. Sämtliche Erfahrungen in jedem einzelnen Leben resultieren aus dem Prozess des abhängigen Entstehens. Wenn Sie wissen, dass etwas entstanden ist, können Sie etwas tun, um seine Wiederholung zu vermeiden, vielleicht nicht sofort, aber letztendlich doch. Auf diese Weise kann die Kette des Entstehens durchbrochen werden.

Um diesen Prozess zu verdeutlichen, wurde das Grundgesetz des abhängigen Entstehens in unterschiedlichen Formulierungen gelehrt. Die wichtigste davon ist als „Zwölf Glieder des abhängigen Entstehens" bekannt. Auf einer Ebene beschäftigt sie sich mit der Art und Weise, wie das gesamte Leben einer Person entsteht, während sie auf einer anderen die eher flüchtigen Abschnitte dieses Lebens analysiert. Die zwölf Glieder sind: Unwissenheit, Gestaltungen, Bewusstsein, Geist und Körper (Name und Form), die sechs Sinnesbereiche, Berührung, Empfindung, Verlangen, Anhaften, Werden, Geburt, Alter und Tod.

DIE ZWÖLF GLIEDER

Zunächst muss gesagt werden, dass diese zwölf Glieder, obwohl sie nacheinander mit der Unwissenheit am Anfang aufgezählt werden, eigentlich in einem Kreis angeordnet sind, in dem es keinen konkreten Anfang und kein konkretes Ende gibt. Sie bilden ein wahres Rad des Lebens. Es ist jedoch auch für pädagogische Zwecke nützlich, mit der Unwissenheit zu beginnen, weil sie als eines der schwächeren Glieder gilt, das leicht dabei helfen kann, die ganze Kette zu durchbrechen.

Unwissenheit: Im Buddhismus hat Unwissenheit wenig mit intellektuellen Fähigkeiten zu tun. Es geht eher um einen grundlegenden Zustand des Nichtwissens oder des Unvermögens zu erkennen, dass alle Dinge im Universum unbeständig sind und sich verändern. Weil sie diese Grundtatsache nicht akzeptieren, versäumen die Menschen es auch, die eigentlich unstoffliche Natur der Existenz zu erkennen, und legen alle möglichen Verhaltensweisen an den Tag, die schließlich in die eine oder andere Form von Unglück führen. Im schlimmsten Fall erzeugt Unwissenheit eine falsche Realität, welche die eigentliche Erfahrung überlagert.

In traditionellen Bildern vom Rad des Lebens wird Unwissenheit als blinder Mann dargestellt, der nicht sehen kann, woher er gekommen ist und wohin er geht.

Bewusstsein: Das dritte Glied in der Kette bezieht sich auf den Geist einer Person. Wenn der Geist mit karmischen Neigungen beladen ist, was immer der Fall ist, wird er in eine zukünftige Phase der Existenz getrieben, sei es nun in seinem gegenwärtigen Körper oder in einem zukünftigen. Im Buddhismus wird der Rolle des Geistes große Bedeutung zugemessen, denn es ist der Geist, der die erfahrene Qualität aller Ereignisse bestimmt. Der individuelle Körper, die Umgebung und die Erfahrungen eines Menschen sind alle vom Bewusstsein oder vom Geist abhängig.

Weil sie so spielerisch von einem Ding zum nächsten huschen, werden Affen in traditionellen Bildern verwendet, um die Wirkungsweise des Bewusstseins oder des Denkens zu versinnbildlichen, das von einem Objekt des Interesses zum nächsten saust.

Gestaltungen: Dies ist das zweite Glied in der Kette. Wie wir bereits gesehen haben, führt Unwissenheit dazu, dass Menschen negative oder unangemessene Verhaltensweisen an den Tag legen. Die Energieladung, die sich aus jeder Handlung ableitet, schlummert als Neigung im Geist eines Individuums und wird sich zum passenden Zeitpunkt in diesem oder in einem zukünftigen Leben manifestieren. Die Neigungen bilden und bestimmen die Erfahrungen, die jeder Mensch macht. Manche davon sind erfreulich, andere sind unerfreulich.

In Bildern vom Rad des Lebens werden die Gestaltungen als Töpfer dargestellt, der den formlosen Ton nach seiner künstlerischen Vorstellung sowie nach seinen Bedürfnissen und Fähigkeiten in ganz unterschiedliche Formen bringt.

Name und Form: Diese traditionelle Bezeichnung für das vierte Glied bezieht sich auf den integrierten Geist (Name) und den Körper (Form). Wie wir bereits gesehen haben, ist es das Bewusstsein, das die karmischen Neigungen einer Person in sich trägt. Wenn die Zeit reif ist, entsteht im Fall der Wiedergeburt eine bestimmte Körperform zusammen mit den verschiedenen geistigen Funktionen, die der Buddhismus unterscheidet. Außer dem Bewusstsein sind dies: Empfindungen, intellektuelle Gedankenprozesse und Motivationen. Die Verbindung all dieser Elemente in einer einzigen Körper-Geist-Einheit ruft eine individuelle Existenz hervor.

Die Einheit von Körper und Geist symbolisieren im Rad des Lebens zwei unzertrennliche Menschen, die im selben Boot auf dem Fluss des Lebens fahren.

Die sechs Sinnesbereiche: Die sechs Sinnesbereiche werden in der Gebärmutter gebildet, wenn ein Mensch wiedergeboren wird. Dies geschieht durch die Präsenz einer früheren Bewusstseinsphase, die karmische Neigungen in sich trägt. In der Gebärmutter sind die verschiedenen Sinne bereits vorhanden, aber sie funktionieren nicht vollständig. Mit anderen Worten, sie sind bereit, mit der Welt umzugehen, aber sie befinden sich in einem Zustand schlafender Passivität. Die sechs Sinnesbereiche gehören zu Augen, Ohren, Nase, Zunge, Körper und Geist. Wenn sie später aktiviert werden, rufen sie die Erfahrungen des Sehens, des Hörens, der Gerüche, des Geschmacks, der Berührung und der Gedanken hervor.

Die sechsfachen Sinne werden im Rad des Lebens traditionell als sechs leere Häusern dargestellt.

Empfindung: Dies ist die Reaktion, die auf die anfängliche Erfahrung folgt, wenn der Kontakt zwischen den Sinnen und einem Objekt hergestellt wird. Wenn wir etwas zum ersten Mal erfahren, gibt es nichts als die reine Erfahrung. Wenn Sie sich zum Beispiel den Finger verbrennen, sind Sie sich eine oder zwei Sekunden vor Einsetzen des Schmerzes bewusst, dass Sie sich verbrannt haben. Sämtliche Erfahrungen rufen eine von drei Arten der Empfindung hervor: angenehm, unangenehm oder neutral. Angenehme und unangenehme Empfindungen decken die gesamte Bandbreite von der kleinsten Andeutung bis zu den Extremen Glückseligkeit und höchste Qual ab. Die Unmittelbarkeit der Empfindung wird im Rad des Lebens durch einen Mann dargestellt, der von einem Pfeil ins Auge getroffen wurde und intensiven Schmerz erlebt.

Berührung: Das sechste Glied bezieht sich auf den ersten Moment, in dem eine Erfahrung stattfindet. Die Sinnesorgane mit ihren entsprechenden Wahrnehmungen kommen mit ihren jeweiligen Objekten in Berührung. Der Moment der Berührung ist ein Moment äußerster Konzentration. Die Buddhisten glauben, dass sich jeder Moment der Erfahrung auf ein einziges Objekt bezieht, wenn wir unsere Wahrnehmung entsprechend verlangsamen könnten. Da Erfahrungen jedoch so schnell ablaufen, erleben wir die Illusion der Kontinuität auf ähnliche Weise, wie die einzelnen Bilder eines Films zu Bewegungen verschwimmen.

Berührung wird im Rad des Lebens durch die intimste Form der menschlichen Berührung dargestellt – den Liebesakt.

Verlangen: Sobald eine Empfindung entstanden ist, kommt eine andere Reaktion ins Spiel: Sehnsucht oder Verlangen, das achte Glied. Es bezieht sich auf die Art und Weise, wie wir mit dem Objekt oder der Situation umgehen, das oder die angenehme oder unangenehme Empfindungen hervorgerufen hat. Manchmal möchten wir, dass die angenehmen Empfindungen nicht aufhören, und klammern uns daher an das dafür verantwortliche Objekt. Ein anderes Mal wünschen wir nichts sehnlicher, als ein Objekt loszuwerden, das wir als unangenehm empfinden. Verlangen ist wie Hunger oder Durst. Es erzeugt einen starken Wunsch nach Befriedigung, den Drang, es zu stillen – sei es mit einem Schluck Tee oder mit etwas Stärkerem. Unglücklicherweise sind wir danach oft durstiger als zuvor.

Anhaften: Wenn Verlangen entstanden ist, wandelt sich die Sehnsucht bald in aktives Anhaften, das neunte Glied in der Kette. Nun verlangt der Mensch nicht nur nach einem bestimmten Objekt oder einer bestimmten Situation, sondern versucht, sie aktiv herbeizuführen. Anhaften beinhaltet nicht nur eine begierige Verwicklung mit Objekten und Situationen, sondern auch das Festhalten an verschiedenen Strategien, die zum Erreichen bestimmter Ziele üblicherweise in Form von negativen Gedanken und Überzeugungen angenommen wurden.

Die zwanghafte und selbstzentrierte Natur des Anhaftens wird im Rad des Lebens durch eine Person dargestellt, die Früchte pflückt. Das Bild legt nahe, dass der Mensch darauf bedacht ist, etwas zu seiner eigenen Befriedigung zu bekommen, ohne sich um das Wohlergehen anderer zu kümmern.

Geburt: Das elfte Glied der Kette kann sich auf die tatsächliche Geburt eines Menschen oder auf die Geburt einer neuen Phase in seiner jetzigen Existenz oder seinem gegenwärtigen Leben beziehen. In dieser Phase bringen die gespeicherten karmischen Neigungen eine ganz neue Kette von Erfahrungen hervor.

Die Tibeter wählten das offensichtlichste Symbol für die Geburt – eine Frau, die gerade ein Kind zur Welt bringt. Die Geburt eines Kindes ist die ideale Versinnbildlichung eines Neubeginns. In diesem Stadium unserer Existenz sind wir völlig auf die Hilfe und Unterstützung anderer angewiesen, genau wie ein Neugeborenes, das völlig abhängig von anderen ist.

Werden: Wenn all diese Faktoren in einer Person vereint sind, ist die Bühne bereit für weitere gestaltende Taten und Energien, die in diesem zehnten Glied erfahrbar werden. Das Werden ist jener Prozess im Leben eines Menschen, der ihn zu neuen Erfahrungen und in neue Situationen führt, möglicherweise sogar zu einer neuen Wiedergeburt. Mit anderen Worten: Ein Satz karmischer Neigungen hat sich durch die Erfahrungen der Person an die Oberfläche vorgearbeitet und bereitet jetzt das Feld für eine neue Reihe von Erfahrungen.

Wie kann der langsam reifende Prozess des Werdens besser illustriert werden als mit dem Bild einer schwangeren Frau? Wer kann in diesem Stadium sagen, welche Möglichkeiten auf das neue Leben warten, das sie in sich trägt?

Alter und Tod: Irgendwann findet alles sein Ende, sei es eine momentane Situation oder das Leben, das in die große Veränderung mündet, die wir Tod nennen. Im Buddhismus wird der gesamte Prozess des Werdens mit all seinen Erfahrungen von den karmischen Taten und den Neigungen, die sie erzeugen, angetrieben. Aber schließlich zerstreut sich alle Energie und verschwindet. Wenn ein Zyklus zu Ende geht, beginnt ein anderer dort, wo der alte Zyklus aufgehört hat. So wiederholt sich der Prozess endlos.

Um den Prozess von Verfall und Auflösung darzustellen, eignet sich eine Friedhofsszene am besten. In diesem Fall ist es ein traditioneller tibetischer Leichengrund, wo man Tote ablegt, damit sie von den Elementen und von wilden Tieren verzehrt werden können.

DEN PROZESS VERSTEHEN

Diese komplizierte Analyse der menschlichen Existenz, die auf der allgemeinen Einsicht des Buddha in das abhängige Entstehen beruht, kann auf alle Dinge im ganzen Universum angewendet werden. Wenn Sie Ihre Situation verbessern und sich selbst ändern wollen, müssen Sie verstehen, wie dieser Prozess in Ihrem Leben vor sich geht. Ohne dieses Verständnis sind Sie dazu verdammt, immer wieder die gleichen Fehler zu machen. Sie können diese Analyse einerseits als eine Beschreibung des ganzen Lebens verstehen und andererseits als die Art und Weise, wie Sie selbst von Augenblick zu Augenblick existieren. Es muss noch einmal betont werden, dass dieser Prozess nicht notwendigerweise eine einfache lineare Folge darstellt, sondern immer viele Faktoren und Bedingungen beinhaltet.

TECHNIKEN ZUR TRANSFORMATION

Im Buddhismus gibt es eine ganze Reihe von Techniken und spirituellen Disziplinen, die hilfreich sind, wenn es darum geht, den Prozess des abhängigen Entstehens zu verstehen und so den Kreislauf zu durchbrechen. Wenn wir überhaupt nicht verstehen, wie wir die Dinge erfahren, wandern wir in blinder Verwirrung und Unwissenheit durchs Leben. Ein allgemeines Verständnis des Prozesses führt jedoch bald zu einer Veränderung in der Art, wie wir unser Leben führen.

Die meisten unserer Handlungen sind eigennützig und darauf ausgerichtet, ein illusorisches Gefühl von Sicherheit und Bequemlichkeit aufrechtzuerhalten. Spirituelle Praktiken wie Meditation, welche die Selbstbeobachtung und ein ruhiges Verständnis unserer selbst und unserer Beziehung mit der Welt fördern, bilden den Kern des Buddhismus. Darüber hinaus gibt es verschiedene Praktiken, die sich auf die Art und Weise auswirken, wie wir mit anderen Menschen umgehen, weil sehr viele schlechte Verhaltensweisen aus eigennützigen Motiven heraus entstehen. Zu diesen Praktiken gehört die systematische Entwicklung und Kultivierung von Güte und Mitgefühl. Das schwächt die Macht des Egos, das naturgemäß selbstsüchtig ist.

ARTEN DER MEDITATION

Manche Menschen halten den Buddhismus für weltabgewandt und realitätsfern, aber diese Ansicht stimmt nicht mit dem buddhistischen Ideal der sozialen Verantwortung überein. Weil jedoch dem Geist als prägendem Element für die Natur aller menschlichen Handlungen eine besondere Rolle zukommt, haben die verschiedenen Formen der geistigen Entwicklung – mit der Meditation an erster Stelle – immer eine zentrale Rolle in der buddhistischen Praxis gespielt. Das Meditieren an sich ist ein ziemlich unkomplizierter Vorgang, aber es gibt einige Fallgruben, in die ein unvorsichtiger Anfänger geraten kann und die sich später als schwer korrigierbar herausstellen. Daher ist es am besten, bei einem erfahrenen Lehrer meditieren zu lernen. Alle, die allein zu meditieren beginnen, was durchaus möglich ist, sollten zumindest versuchen, jemanden zu finden, der ihnen Ratschläge geben kann, wenn sie in Schwierigkeiten kommen. Es gibt zwei Hauptformen der Meditation: die Gelassenheitsmeditation und die Einsichtsmeditation.

GELASSENHEITSMEDITATION

Die einfachste Form der Meditation – die Gelassenheitsmeditation – soll, wie der Name schon sagt, inneren Frieden fördern. Dies geschieht, indem man die Aufmerksamkeit auf ein geeignetes Objekt konzentriert, normalerweise auf den Atem. Verschiedene Voraussetzungen bezüglich des Ortes, der Zeit und der Haltung sollten erfüllt sein, damit die Meditationssitzung so fruchtbar wie möglich wird. Obwohl es Fortgeschrittenen möglich ist, überall zu meditieren, sollten Anfänger sich einen stillen Platz suchen, an dem sie nicht durch Geräusche von draußen oder aus anderen Teilen des Hauses gestört werden. Das Licht im Zimmer sollte gedämpft sein, weder zu hell noch zu dunkel. Ein zu heller Raum kann ablenkend wirken; wenn es zu dunkel ist, besteht die Gefahr, dass Sie einschlafen.

Wenn Sie möchten, können Sie sich einen einfachen Schrein aufbauen, in dessen Zentrum ein Bild des Buddha oder einer anderen heiligen Figur steht. Das Bild kann von frischen Blumen und Kerzen umgeben sein und üblicherweise steht ein Räucherwerkhalter davor. Der Duft des Räucherwerks dient nicht nur als Opfergabe für die Meditationsgottheit, sondern entfaltet auch eine beruhigende Wirkung, die bei der Meditation hilft. Die traditionellen östlichen Räucherstäbchen haben außerdem den Vorteil, dass sie etwa dreißig Minuten lang brennen, genau die Zeitspanne, die ideal für eine Meditationssitzung ist.

Bestimmte Tageszeiten wie Morgengrauen, Abenddämmerung und Mitternacht gelten traditionell als besonders förderlich für die Meditation, obwohl der Arbeitsalltag moderner Menschen es nicht immer zulässt, dass sie zu diesen Zeiten meditieren. Für viele Menschen ist der frühe Morgen direkt nach dem Aufstehen eine gute Zeit, während andere den späten Abend bevorzugen. Legen Sie eine Zeit fest, die Ihnen am besten passt, und halten Sie sich daran. Wenn Sie den Zeitpunkt für Ihre Meditationssitzung jeden Tag ändern, werden Sie mit großer Wahrscheinlichkeit oft Gründe finden, warum Sie heute nicht meditieren können. Auch

wenn Sie sich vielleicht fest vornehmen, am nächsten Tag zu meditieren, geschieht dies oft nicht und dann kommen Sie überhaupt nicht dazu.

Anfangs ist es ratsam, auf eine Sitzung von dreißig Minuten Dauer abzuzielen. Selbst dreißig Minuten Meditation fordern den meisten Menschen sowohl auf der geistigen als auch auf der körperlichen Ebene sehr viel Anstrengung ab.

DIE MEDITATIONSHALTUNG WÄHLEN

Über die Frage, welche Meditationshaltung für westliche Menschen am besten ist, kann man streiten. Einige buddhistische Richtungen, zum Beispiel der Zen-Buddhismus, legen Wert auf eine sehr formale Haltung, was bedeutet, dass man mit den Beinen verschränkt im vollen Lotussitz meditiert. Vielen Menschen, besonders älteren, ist dies jedoch nicht ohne quälende Schmerzen möglich, was sie dem Ziel der beruhigenden Meditation nicht gerade näher bringt.

Der entspanntere Schneidersitz, bei dem die Beine gebeugt und vor dem Körper verschränkt werden, ist eine realistischere Meditationshaltung für Anfänger, besonders wenn man dabei auf einem Meditationshocker oder einen Stapel Kissen sitzt. Die Handflächen zeigen nach oben, wobei eine auf der anderen liegt. Die Schultern sind entspannt. Der Rücken sollte gerade, aber ohne Anstrengung gehalten werden, während der Kopf ganz leicht nach vorn gebeugt ist. Die Augen sollten weder ganz offen noch fest geschlossen sein, da beides Probleme erzeugen kann. Am besten hält man sie halb geschlossen und richtet den Blick auf einen etwa ein Meter entfernten Punkt vor sich auf dem Boden. Nachdem Sie sich zum Meditieren hingesetzt haben, sollten Sie sich ein paar Minuten Zeit nehmen, um sich gut auszubalancieren und sicherzustellen, dass Sie bequem sitzen. Dann atmen Sie mehrmals tief ein und aus und können beginnen.

KONZENTRATION AUF DEN ATEM

Es gibt etwa vierzig Meditationsobjekte, die verwendet werden können, um Gelassenheit zu entwickeln, aber einige dürfen nur unter der Anleitung eines qualifizierten Lehrers eingesetzt werden, da sie ganz bestimmten Menschen vorbehalten sind. Die Verwendung des falschen Meditationsobjekts kann starke Unausgeglichenheiten in der Persönlichkeit zur Folge haben.

Das einfachste und sicherste Objekt, das jeder ohne Bedenken verwenden kann, ist die Konzentration auf den eigenen Atemprozess. Wenn Sie genügend entspannt sind, richten Sie Ihre Aufmerksamkeit auf den Fluss Ihres Atems, und zwar auf den Punkt, an dem der Atem in Ihre Nasenflügel eintritt und sie wieder verlässt. Normalerweise zählt man jeden Atemzug, also jedes Einatmen und jedes Ausatmen, bis man bei zehn angekommen ist, und beginnt dann wieder von vorn. Wann immer der Geist abwandert, wird er sanft wieder zur Konzentration auf den Atem zurückgebracht.

Machen Sie sich keine großen Gedanken, wenn Ihr Geist abwandert. Der Trick besteht darin, sich nicht über sich selbst zu ärgern, sondern sich sanft an das zu erinnern, was Sie zu tun versuchen und mit dem Zählen der Atemzüge fortzufahren. Dies erfordert eine gewisse Achtsamkeit, die selbst eine wichtige Form von Einsichtsmeditation ist.

Nachdem Sie Ihre Meditationssitzung beendet haben, sollten Sie nicht einfach aufstehen und davoneilen, um etwas anderes zu tun. Die Buddhisten glauben, dass eine zuträgliche Aktivität wie die Meditation eine positive Energieladung erzeugt. Diese positive Energieladung kann auf andere übertragen werden, damit sie einen Nutzen daraus ziehen können. Deshalb sollten Sie am Ende einer Meditationssitzung den Wunsch zum Ausdruck bringen, dass diese positive Energie auf andere übertragen wird. Das bezeichnet man als Übertragung des Verdienstes. Sie können diese Energie einer bestimmten Person senden oder sie an alle Lebewesen schicken, die Unterstützung brauchen.

EINSICHTSMEDITATION

Die andere Hauptform der buddhistischen Meditation wird Einsichtsmeditation genannt. Während die Meditationstechniken, die Gelassenheit und Seelenfrieden fördern, leicht auch von Anfängern durchgeführt werden können, sollten Sie sich der Einsichtsmeditation erst dann zuwenden, wenn Sie bereits einen angemessenen Fortschritt in der Gelassenheitsmeditation erzielt haben. Sie erfordert außerdem eine gewisse Vertrautheit mit den grundlegenden buddhistischen Vorstellungen über die Struktur und Natur des Menschen und der Welt, denn bei der Einsichtsmeditation geht es um nichts anderes als entsprechend der buddhistischen Lehre Einsichten in die Dinge zu erlangen.

Eine einfache Form der Einsichtsmeditation ist die Praxis der Achtsamkeit. Hier geht es darum, dass Sie Ihre Aufmerksamkeit auf vier Bereiche Ihrer Existenz richten, um die normalerweise unbewussten Abläufe und Prozesse ins Licht Ihres Bewusstseins zu holen. Die vier Gebiete sind: der Körper und seine Funktionsweise, Empfindungen und Sinneswahrnehmungen, Gedankenprozesse und Geistesinhalt.

Es gibt traditionelle Texte, die in allen Einzelheiten beschreiben, welche Aspekte dieser vier Bereiche Ihrer Existenz Sie sich bewusst machen müssen, um Einsicht in die Art und Weise zu entwickeln, wie Sie in der Welt funktionieren. Natürlich werden diese Aspekte langsam nacheinander bearbeitet, da die meisten Menschen nicht in der Lage sind, sich ständig aller Aspekte auf einmal bewusst zu sein.

Wenn Sie einen einfacheren Aspekt der Achtsamkeitspraxis nachvollziehen möchten, denken Sie bitte kurz darüber nach, wie Sie Bewusstheit für Ihre grundlegenden körperlichen Bewegungen entwickeln können. In der Gelassenheitsmeditation haben Sie Ihre Aufmerksamkeit ganz auf Ihren Atem gerichtet. Versuchen Sie nun, Ihre ununterbrochene Aufmerksamkeit auf einfache Bewegung wie Gehen, Stehen, Sitzen oder sogar Liegen zu richten.

Wenn man sich auf Bewegungen konzentrieren will, muss man sie ziemlich langsam ausführen, damit man sich jeder feinen Phase des Prozesses wirklich bewusst werden kann. Beim Gehen sagen Sie in einfachen Worten zu sich selbst, was geschieht, zum Beispiel: „Die rechte Ferse hebt sich, der rechte Fuß hebt vom Boden ab, das rechte Bein bewegt sich nach vorn, die rechte Ferse nimmt Kontakt mit dem Boden auf, die linke Ferse hebt sich" und so weiter. Achten Sie darauf, dass Sie nie so etwas wie „ich" oder „ich tue dies oder das" einfügen, denn es ist das Ich, das Ihnen im Weg steht und das, was Sie tun, unbewusst werden lässt.

Wenn Sie diese Übung richtig machen, sollten Sie sich jeder Phase des Prozesses bewusst sein, bis hin zu den sanften Bewegungen Ihrer Muskeln und Gelenke und zu den kleinen Veränderungen im Gleichgewicht Ihres Körpers.

Es ist schwieriger, aber äußerst vorteilhaft, Achtsamkeit bezüglich der eigenen Gedanken oder emotionalen Zustände zu praktizieren. Hier ist es wiederum das Ziel, nicht in das Geschehen verwickelt zu werden und sich selbst nicht zu beurteilen. Sie versuchen ein losgelöster und stiller Zeuge zu werden, der auf alles achtet, was im Innern entsteht.

Da diese Praxis sehr viel Aufmerksamkeit verlangt, sollten Sie sich zunächst nur über einen begrenzten Zeitraum darin versuchen. Achten Sie zum Beispiel darauf, welche Emotion zu einem bestimmten Moment entsteht und gegenwärtig ist. Alles, was Sie tun müssen, ist, sie zu benennen: „Ruhe … Ruhe … Ärger … Ärger … Ärger … Wut … Wut … Bedauern … Bedauern" und so weiter.

Der Grund, warum Sie Ihre negativen Gefühle oder Gedanken nicht beurteilen sollen, ist der, dass der einfache Prozess sich ihrer bewusst zu werden, ihren Einfluss auf Sie verringert. Je mehr Sie sich ihrer bewusst sind, desto mehr werden Sie Ihnen unangemessen erscheinen und verschwinden. Dies ist nur eine sehr kurze Beschreibung der Praxis der Achtsamkeit. Wer sich dafür interessiert, sollte sich aus anderen Quellen detaillierte Information darüber besorgen.

DAS TIBETISCHE RAD DES LEBENS

Der Buddha selbst belehrte seine Schüler über die zwölf Glieder des abhängigen Entstehens. Diese Lehre verbreitete sich über die Jahrhunderte in Indien und später in allen Ländern Asiens, in denen der Buddhismus gedieh. Der Prozess ist komplex und schwer zu verstehen, wenn man ihm zum ersten Mal begegnet, denn er erfordert eine neue Betrachtungsweise von uns selbst und der Welt um uns herum. Irgendwann in der Vergangenheit, kam jemand entweder in Indien oder später in Tibet auf die Idee, jedes der zwölf Glieder zum besseren Verständnis bildlich darzustellen. Die Bilder, die hier verwendet werden, wurden entworfen, um die mit jedem der zwölf Glieder verbundenen wesentlichen Eigenschaften zu erfassen.

Der Leichnam
steht für Alter und Tod.

Der Blinde
steht für Unwissenheit.

Geburt
steht für Geburt.

Der Töpfer
steht für die Gestaltungen.

Die Schwangere
steht für Werden.

Der spielende Affe
steht für Bewusstsein.

Früchte pflücken
steht für Anhaften.

Zwei in einem Boot
stehen für Name und Form.

Trinken
steht für Verlangen.

Sechs leere Häuser
stehen für die sechs
Sinnesbereiche.

Der Pfeil
steht für Empfindung.

Das Paar
steht für Berührung.

Im Zentrum des Rades sehen wir ein Schwein,
eine Schlange und einen Hahn,
die ineinander verschlungen einen Kreis bilden.

DIE BILDER IM RAD DES LEBENS

Normalerweise gehören die Darstellungen der zwölf Glieder zu einer größeren Komposition, die im Volksmund als Rad des Lebens bezeichnet wird. Bilder vom Rad des Lebens schmücken die Wände vieler tibetischer Tempel und Fotografien davon finden sich in zahlreichen Büchern über tibetische Kunst.

Im Zentrum des Rads sind ein Schwein, eine Schlange und ein Hahn als ineinander verschlungene Gruppe abgebildet. Das Schwein steht für Gier oder Anhaften, die Schlange verkörpert Hass und der Hahn Dummheit oder Verblendung. Diese drei Kräfte liegen allen negativen karmischen Handlungen zugrunde und stellen die Antriebskraft für diese Handlungen bereit. Sie sind im Zentrum des Rades dargestellt, weil sie genau im Kern unserer täglichen Existenz liegen. Durch das Zusammenspiel dieser negativen Gefühle entstehen alle möglichen unangenehmen Erfahrungen und Situationen, auch wenn dies nicht unmittelbar der Fall zu sein scheint.

In *sechs vom Zentrum ausgehenden Kreissegmenten* sind normalerweise die sechs verschiedenen Lebenssphären oder Daseinsbereiche abgebildet. Man kann diese Daseinsbereiche als psychologische Symbole für die Art und Weise betrachten, wie Menschen mit der Welt interagieren. Man kann sie aber auch als Welten betrachten, in welche die Wesen je nach ihren Taten wiedergeboren werden. Sie umfassen alle Stufen der Existenz von den höchsten bis zu den niedrigsten Zuständen.

Die sechs Daseinsbereiche sind: die Himmel, die Welt der Halbgötter, die Menschenwelt, die Welt der Tiere, das Reich der hungrigen Geister und die Höllen. Himmel und Höllen unterscheiden sich von ihrem christlichen Gegenpart dadurch, dass sie im Buddhismus nicht dauerhaft sind. Die Himmel werden von Wesen bewohnt, die durch Stolz charakterisiert sind. Das Reich der Halbgötter – mächtige Wesen, die in ihren Fähig-

keiten zwischen Göttern und Menschen stehen – wird von Eifersucht beherrscht. Die Menschen werden vorwiegend von Gier und Anhaftung dominiert, während die Tiere durch Dummheit gekennzeichnet sind. Die hungrigen Geister sind jämmerliche Wesen, die von Gier beherrscht werden und nie genug bekommen können. Schließlich gibt es noch Wesen, die von Wut und Hass beherrscht werden. Sie erleiden die Qualen jener Höllenwelten, die sie selbst erschaffen haben.

Auf dem *äußeren Rand des Rades* sind die zwölf Glieder des abhängigen Entstehens abgebildet. Normalerweise sind diese Bilder ziemlich einfach gemalt und sehr klein. Tsering Dorje, ein tibetischer Meisterkünstler aus Yholmo, hat eigens für dieses Buch zwölf großformatige Darstellungen der zwölf Symbole geschaffen: Der Blinde repräsentiert die Unwissenheit, der Töpfer die Gestaltungen, der spielende Affe das Bewusstsein, die zwei Menschen im Boot Name und Form, die sechs leeren Häuser die sechs Sinnesbereiche, das Paar steht für Berührung, der Pfeil für Empfindung, Trinken für Verlangen, Früchte pflücken für Anhaften, die Schwangere Frau für Werden, die Geburt für Geburt und der Leichnam für Alter und Tod.

DER TIBETISCHE ALMANACH

Genau wie nicht sicher ist, wann die zwölf Glieder des abhängigen Entstehens erstmals symbolisch dargestellt wurden, ist auch unklar, wann diese zwölf Glieder das erste Mal in Verbindung mit einem Almanach verwendet wurden. Obwohl der als Grundlage für dieses Buch verwendete Text nur in tibetischer Sprache erhalten ist, hat er zweifellos seine Wurzeln in Indien, da er dem großen buddhistischen Meister Nagarjuna (2. Jahrhundert) zugeschrieben wird. Aus anderen Schriften Nagarjunas ist bekannt, dass er sich besonders für die verschiedenen Aspekte des abhängigen Entstehens interessierte. Wenn er den Almanach also nicht selbst zusammengestellt hat, dann hat ihn jemand nachträglich als Autor angegeben, um den Text populärer zu machen.

Andererseits hat der Text auch in einer chinesischen Übersetzung des indischen Gelehrten und Mönchs Danapala (frühes 11. Jahrhundert) überlebt, wobei er in dieser Version als Sutra dargestellt wird, als Vortrag des Buddha Shakyamuni. Das Phänomen, dass ein anonymer Autor eine von ihm verfasste Schrift einem bekannten Heiligen oder Meister zuschreibt, ist bei alten Texten häufig zu beobachten. Das geschieht weniger in betrügerischer Absicht, sondern vielmehr um dem betreffenden Text mehr Autorität zu verleihen. Der chinesische Text trägt den Titel „Sutra über die Omen, die aus den zwölf abhängigen Zuständen entstehen". Da er angeblich die Worte des Buddha enthält, wird der divinatorische Almanach mit einer passenden Eröffnungsszene eingeleitet:

„So habe ich es gehört. Einst saß der Buddha mitten in einer großen Versammlung. Alle Anwesenden umringten ihn ehrfurchtsvoll und machten ihm ihre Aufwartung. Dann rezitierten sie diesen Vers:

‚Wir verbeugen uns vor dem Buddha, der ein Ozean der Tugenden ist, der mit vollkommenem Wissen über die Wirklichkeit ausgestattet ist, der gelehrt hat, wie die Dinge in Vergangenheit, Gegenwart und Zukunft abhängig entstehen.
Wir bitten den Buddha demütig, uns zu belehren, da die Wesen in der Welt aufgrund ihrer müßigen und falschen Ansichten tief in grenzenloses Leid und falsches Verhalten versinken.'

Dann wandten sich die hunderttausend Wesen in der Versammlung, Menschen und Götter, wieder dem Buddha zu und sagten: ‚Wir flehen dich an, Herr, belehre uns, denn sowohl wir selbst in dieser Versammlung als auch die Wesen in der Zukunft erfreuen sich an deinen tiefgreifenden Lehren.' Da sprach der Buddha zu der großen Versammlung und sagte:

‚Ausgezeichnet! Ausgezeichnet! Hört aufmerksam zu, denn ich belehre euch jetzt zu euren Gunsten. Wer verstehen möchte, wie verschiedene Omen und Zeichen aus dem zwölffachen System des abhängigen Entstehens hervorgehen, der sollte wissen, dass diese zwölf Glieder von der Unwissenheit bis zum Tod einen Kreis bilden und dass jedes in jedem einzelnen der zwölf Monate des Jahres andere Wirkungen hervorbringt. Jedes ist anders, denn einige erzeugen Glück, während andere zu Elend und Schmerzen führen.'"

Der Text geht dann im wesentlichen in die gleiche Richtung wie die Version, die in der tibetischen Übersetzung erhalten ist, und schließt damit, dass alle Wesen, die sich hier versammelt haben, dem Buddha für diesen Vortrag danken.

WIE SIE DIESES BUCH NUTZEN KÖNNEN

Wie auch immer er entstanden sein mag, dieser Text ist in der Literatur des indischen und tibetischen Buddhismus einzigartig. Er dient einem doppelten Zweck. Einerseits möchte er die Menschen dazu veranlassen, über die Art und Weise nachzudenken, wie Ereignisse entstehen. Andererseits will er einen Leitfaden durch das tägliche Leben zur Verfügung stellen, der seinen Benutzern Warnungen oder Ratschläge gibt. Der Almanach geht von der Voraussetzung aus, dass alle Dinge abhängig entstehen und dass jeder Mensch sich vom Tag seiner Geburt an mit Ereignissen in der

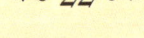

äußeren Welt verbindet. Der Lauf der äußeren Welt beginnt am Anfang des Jahres und dann folgt ein Glied der Kette in regelmäßiger Folge auf das andere. Dagegen beginnt der persönliche Jahreszyklus eines Menschen an seinem Geburtstag. In Teil drei dieses Buches erfahren Sie, wie Sie den Text als Leitfaden für Ihr persönliches Leben verwenden können.

Den Lehren des Buddhismus zufolge geschieht nichts zufällig. Daher werden jedem der zwölf Symbole verschiedene Omen, Prognosen und Ratschläge zugeordnet. Die Menschen in alten Kulturen glaubten, dass bestimmte Ereignisse eine besondere Bedeutung hatten – und viele moderne Menschen glauben das auch. Wer immer den ursprünglichen Text zusammengestellt hat, muss sich auf der Basis von jahrelanger Erfahrung darüber bewusst gewesen sein, dass bestimmte Ereignisse an einem bestimmten Tag eine besondere Bedeutung für Menschen hatten, die in Verbindung mit dem Symbol standen, das diesen Tag beherrschte.

WIE SIE DIESES BUCH ALS ORAKEL NUTZEN KÖNNEN

Wenn Sie nicht genug Zeit haben, um sich einen persönlichen Almanach zu erstellen, können Sie das Buch auch als Orakel nutzen, um eine schnelle Antwort auf eine bestimmte Frage oder einen allgemeinen Rat zu bekommen.

Die besten Ergebnisse erhalten Sie, wenn Sie sich zunächst entspannen und Ihren Geist beruhigen. Konzentrieren Sie sich dann ganz auf Ihre Frage und werfen Sie eine kleine Münze in das Rad des Lebens, das auf Seite 20 dieses Buches abgebildet ist. Die Münze bleibt normalerweise in einem der zwölf Segmente auf dem äußeren Rand des Rades liegen. Dann lesen Sie im entsprechenden Kapitel nach, welchen „sofortigen Rat"

Sie vom Rad des Lebens bekommen haben. Wenn die Münze vom Rad des Lebens abprallt oder auf keinem der Bilder landet, dann ist dies wahrscheinlich keine gute Zeit um das Orakel zu befragen und Sie sollten es zu einem anderen Zeitpunkt noch einmal versuchen. Denken Sie daran, dass aus buddhistischer Sicht nichts zufällig und ohne Grund geschieht.

WIE SIE DIESES BUCH ALS MEDITATIONSHILFE NUTZEN KÖNNEN

Schließlich können Sie dieses Buch auch als Meditationshilfe nutzen. Lesen Sie einfach den Text zu dem Bild, das Sie gerade interessiert, und konzentrieren Sie sich dann ganz auf das Bild. Versuchen Sie zu verstehen, was es Ihnen sagen will. Hören Sie genau auf seine Botschaft und erkennen Sie, was diese Botschaft mit Ihrem Leben zu tun hat. Die Bilder erzählen von persönlichem Wachstum, von Transformation mit all ihren Höhen und Tiefen und sie warnen vor Gefahren, die auf diesem Weg lauern können.

Denken Sie auch daran, dass niemand aus diesem Kreislauf entkommen kann, bevor er oder sie die Erleuchtung erlangt hat. Schon aus diesem Grund sollten Sie die zwölf Bilder regelmäßig durcharbeiten und dabei die Ereignisse in Ihrem Leben im Blick behalten, um herauszufinden, wo Verbesserungen oder Veränderungen nötig sind. Vergessen Sie nicht: Ganz gleich, wie schlecht Ihr Leben im Moment aussieht, dieser Zustand wird nicht von Dauer sein. Er wird sich verändern. Aber auch Zeiten des Glücks werden nicht ewig dauern. Das Verständnis des zugrundeliegenden Prozesses gibt Ihnen die Stärke, die Sie brauchen, um diese Veränderungen zu akzeptieren.

TEIL EINS

Die zwölf Symbole

Die zwölf symbolischen Darstellungen im tibetischen Rad des Lebens vollziehen den Weg nach, den die menschliche Entwicklung den buddhistischen Lehren entsprechend nimmt. Auf einer Ebene zeigen sie, wie wir uns von einem Leben zum nächsten weiter entwickeln und veranschaulichen die grundlegenden Prozesse, die zu unserer körperlichen Geburt, unserem Leben und schließlich unserem Tod führen. Auf einer tieferen Ebene können sie als Modell für die psychologische und spirituelle Entwicklung verstanden werden, die uns von einem Stadium unseres inneren Lebens zum nächsten führt. Die Darstellungen bilden einen ununterbrochenen Kreislauf, in dem das Ende wieder zum Anfang zurückführt. Jedes Bild hat seine eigene Bedeutung und vermittelt seine eigene Lehre. Wenn wir diese Lehren nicht beachten, sind wir buchstäblich dazu verdammt, uns ständig im Kreis zu drehen. Wenn wir lernen, unsere Einstellungen und unser Verhalten in Erwiderung auf die Lehren zu verändern, haben wir die Möglichkeit, auf unserem persönlichen Entwicklungsweg Schritt für Schritt voranzukommen. Der sich ständig wiederholende Kreislauf wird dann zu einer Spirale, die uns der letztendlichen Erfüllung unseres innewohnenden Potentials und dem Erreichen unserer spirituellen Ziele näher bringt. Sie können das tibetische Rad des Lebens auf verschiedene Art und Weise zum Leitfaden für Ihr tägliches Leben und Ihre Entscheidungen machen. Indem Sie eine Münze hineinwerfen, nutzen Sie es wie ein Orakel, um einen unmittelbaren Rat für ein anstehendes Problem oder eine Antwort auf eine Frage zu bekommen (s. S. 23). Sie können es aber auch nutzen, um sich einen persönlichen Almanach zusammenstellen, der Sie durch jeden Tag Ihres aktuellen Lebensjahres führt (s.S. 76 bis 77). Und schließlich können Sie es als Meditationsanleitung verwenden. Unabhängig davon, wie es verwendet wird, stellt das tibetische Rad des Lebens eine einzigartige und höchst wertvolle Quelle der Weisheit dar.

Der Blinde

UNWISSENHEIT

◆

Der blinde Mann ist das traditionelle tibetische Symbol für spirituelle Blindheit und Unwissenheit. Während wir auf der Straße des Lebens wandern und unsere Ziele zu erreichen versuchen, werden wir oft von einem Mangel an Bewusstsein für das, was vor uns liegt, behindert. Manchmal verlieren wir unseren Weg vollkommen aus den Augen und weichen von unseren hochgeschätzten Zielen ab.

Der Stab des blinden Mannes symbolisiert, dass er sich auf veraltetes oder unvollkommenes Wissen verlässt. Auf die gleiche Weise machen auch wir uns manchmal von Krücken abhängig, von denen wir glauben, sie seien ein angemessener Ersatz für echtes Verständnis und wahre Spiritualität.

Wenn dies Ihr Geburtszeichen ist

Menschen, die in diesem Zeichen geboren sind, führen ein angenehmes, wohlhabendes und erfolgreiches Leben. Sie werden ihr ganzes Leben lang gesund sein und weniger schnell altern als andere. Sie sind intellektuell begabt und sprachlich talentiert. Ihre Neigung zur Redseligkeit wird oft zu Streit führen, besonders in ihrer Familie. Der neunte Tag, der neunte Monat und das neunte Jahr sind wichtige Zeiten in der Kindheit aller Menschen, die in diesem Zeichen geboren sind. Nach ihrem einundachtzigsten Lebensjahr müssen sie sich um ihre Gesundheit kümmern, denn dann beginnt ihr Vorrat an Verdiensten und Vitalität zu schwinden.

ALLGEMEINER AUSBLICK: Der Blinde ist ein günstiges Zeichen für eigene Interessen und Bestrebungen.

Wenn dies Ihr Zeichen für den Tag ist

Dies ist ein guter Tag, um etwas Neues anzufangen. Es ist die ideale Zeit, um Projekte in Angriff zu nehmen, die mit Ihrem Berufs- oder Privatleben zu tun haben, oder um künftige Unternehmungen vorzubereiten. Helfen Sie anderen, indem Sie freundlich und großzügig sind. Am besten vermeiden Sie heute jeden Kontakt mit Ihren Vorgesetzten. Es ist ein günstiger Tag, um ausgiebig zu baden und sich um den Körper zu kümmern, aber es ist nicht hilfreich, neue Kleidung zu tragen.

Reisen

• Wenn Sie nach Osten reisen, werden Sie auf irgendeine Weise Nutzen daraus ziehen; auch wenn dies im Moment noch nicht offensichtlich ist.
• Wenn Sie nach Süden reisen, werden Sie mit Klatsch und Tratsch konfrontiert und den Zweck Ihrer Reise nicht erreichen.
• Wenn Sie nach Westen reisen, werden Sie nichts erreichen.
• Wenn Sie nach Norden reisen, werden Sie gute Nachrichten hören.

Gewinn und Verlust

Dies ist ein guter Tag, um materielle Interessen voranzutreiben. Was Sie angestrebt haben, steht kurz vor der Verwirklichung und auch Ihre langfristigen Ziele rücken in vielversprechende Nähe. Seien Sie sich bewusst, dass jemand da sein wird, um Ihnen zu helfen, wenn Sie etwas unternehmen, was Ihren eigenen Interessen dient.

Krankheit

Wenn Sie krank werden, sollten Sie beträchtliche Anstrengungen unternehmen, um sich zu schützen. Die Krankheit ist in den ersten vierzehn Tage möglicherweise bedrohlich. Wenn Sie in dieser Zeit jedoch entsprechende Vorkehrungen treffen, werden Sie in der fünften Nacht wieder genesen.

Omen

• Ein Zucken oder eine Reizung am linken Auge kündigt Schwierigkeiten mit den Eltern an.
• Ein Zucken oder eine Reizung am rechten Auge kündigt Schwierigkeiten mit Ihren Kindern an.

• Wenn Ihr linker Nasenflügel verstopft ist, werden Sie von jemandem zum Essen und Trinken eingeladen.

• Wenn Ihr rechter Nasenflügel verstopft ist, werden Sie in naher Zukunft eine Person des anderen Geschlechts kennen lernen.

• Plötzliches Niesen, Husten oder Schluckauf deuten darauf hin, dass ein Besucher aus dem Norden kommen wird, um Erkundigungen über eine Angelegenheit einzuziehen, oder dass ein wichtiger Gast zu erwarten ist.

• Wenn Sie ohne offensichtlichen Grund hungrig sind, können Sie mit einem Streit oder Disput rechnen.

• Es ist glückbringend, wenn Sie ein taubes Gefühl oder ein Kribbeln in einem Arm oder Bein verspüren.

• Wenn Sie unerwartete Geräusche von Fahrzeugen oder vorbeigehenden Fußgängern hören, werden Sie bald etwas sehr Wertvolles erlangen oder es wird ein wichtiger Gast kommen.

• Wenn ein Hund bellt, wird jemand von weit her kommen.

• Wenn Sie aus Versehen Ihre Kleidung versengen oder verbrennen, werden Ihre Ziele beeinträchtigt werden.

• Wenn Sie feststellen, dass Ihre Kleidung von Motten beschädigt wurde, wird ein großer Streit entstehen.

• Wenn Sie die Schreie von Krähen oder Raben hören, wird ein Verwandter kommen und Erkundigungen einziehen.

• Wenn Sie Ihre Kleidung mit Öl oder Fett beschmutzen, werden Sie bald vom den Tod eines Menschen hören.

• Wenn die Erde bebt, werden Menschen in Machtpositionen an Stärke gewinnen.

SOFORTIGER RAT VOM RAD DES LEBENS

Sie haben die Fähigkeit, in dieser Angelegenheit erfolgreich zu sein, aber Sie können davon ausgehen, dass sich Ihnen viele unerwartete Hindernisse in den Weg stellen. Überlegen Sie gut, welches Ihre Ziele und Bedürfnisse sind, und gehen Sie langsam und vorsichtig vor. Sorgfältige und langfristige Planung kann jetzt von großem Nutzen sein, denn die üblichen Mittel, die Sie verwenden, um Ihre Ziele zu erreichen, werden Ihnen diesmal nicht helfen. In dieser besonderen Situation ist ein Scheitern sehr wahrscheinlich, wenn Sie sich einzig und allein auf eines

Ihrer Talente verlassen und darüber vergessen, andere Facetten Ihrer Persönlichkeit zu entwickeln. Sie sollten sich selbst einer gründlichen Prüfung unterziehen, denn es kann sein, dass Sie für Ihre eigenen Unzulänglichkeiten blind sind. Denken Sie daran, dass Hochmut oft vor dem Fall kommt. Ihre Erfolgschancen werden sich stark erhöhen, wenn Sie andere Menschen um Rat bitten, weil diese oft Probleme erkennen, die Sie selbst gar nicht bemerken.

Der Töpfer

GESTALTUNGEN

◆

Der Töpfer ist ein Kunsthandwerker, der formlosen rohen Ton in eine neue, nützliche Form bringt. Wir müssen wissen, wie wir in unserem Leben immer wieder neue Formen erzeugen können, indem wir uns und unsere Umgebung verändern, damit wir nicht irgendwann vor einem katastrophalen Chaos stehen. Ein Töpfer schult seine Handfertigkeit, indem er Koordination und Kontrolle entwickelt. Er lernt, welche Materialien für seine Zwecke am besten geeignet sind und wie sie verwendet werden. So müssen auch wir die uns innewohnenden Fähigkeiten entwickeln und unsere Fertigkeiten perfektionieren, damit sie unserem Zweck am besten dienen.

Wenn dies Ihr Geburtszeichen ist

Im Zeichen des Töpfers geborene Menschen sind mit materiellem Besitz gesegnet. Vielleicht werden sie von ihren Brüdern und Schwestern getrennt, aber sie werden immer viele Freunde haben. Sie werden wenig krank sein und ein langes Leben genießen. Wenn Sie in diesem Zeichen geboren wurden, sind Sie ein weiser Mensch und können geschickt verhandeln und gut diskutieren. Der achte Tag, der achte Monat und das achte Jahr sind kritische Zeiten in der Kindheit aller Menschen, die in diesem Zeichen geboren wurden. Wenn sie ihr achtundachtzigstes Jahr überschritten haben, müssen sie auf ihre Gesundheit achten, weil ihr Vorrat an Verdiensten und Vitalität zu schwinden beginnt.

ALLGEMEINER AUSBLICK: Der Töpfer ist ein glückbringendes Zeichen für alle häuslichen Angelegenheiten.

Wenn dies Ihr Zeichen für den Tag ist

Dies ist ein guter Tag zum Lernen oder Studieren und für alles, was mit Schreiben zu tun hat. Auch zum Heiraten ist der heutige Tag sehr günstig und glückbringend. Es ist hilfreich, sich auf langfristige Ziele zu konzentrieren und das Ausbauen persönlicher Fähigkeiten in Betracht zu ziehen. Wenn Sie Ihren Feinden gegenübertreten müssen, ist dies ein guter Tag dafür. Gönnen Sie sich die Dinge, die Ihnen Freude machen. Dies ist ein günstiger Tag, um ein Bad zu nehmen und Arbeiten am und im Haus zu erledigen.

Reisen

• Wenn Sie nach Osten reisen, werden Sie Ihr Ziel erreichen.
• Wenn Sie nach Süden reisen, werden Sie keinerlei Schwierigkeiten haben und sorgenfrei zurückkehren.
• Wenn Sie nach Westen reisen, wird man Ihnen viele Speisen und Getränke anbieten.
• Wenn Sie nach Norden reisen, werden Sie erreichen, was immer Sie sich wünschen, und es wird etwas Gutes daraus erwachsen.

Gewinn und Verlust

Dies ist ein guter Tag, um all jene wichtigen Dinge in Angriff zu nehmen, die Ihnen Nutzen bringen. Sie machen sich vielleicht Sorgen um Ihre Erfolgschancen, aber diese Ängste sind unbegründet. Wenn Sie mutig handeln, ist Ihnen der Erfolg sicher.

Krankheit

Wenn Sie heute krank werden, sollten Sie beträchtliche Anstrengungen unternehmen, um sich zu pflegen. Diese Krankheit kann in der ersten Woche bedrohlich sein, aber wenn Sie sofort handeln, werden Sie in der dritten Nacht wieder gesund.

Omen

• Ein Zucken oder eine andere Reizung am linken Auge verspricht allgemein günstige Aussichten für Sie.
• Wenn Sie ein Zucken oder eine andere Reizung am rechten Auge verspüren, werden Sie in naher Zukunft eine weniger wichtige Angelegenheit zum Abschluss bringen.

• Wenn Ihr linker Nasenflügel verstopft ist, werden Sie ein bestimmtes Ziel vermutlich bald erreichen.

• Wenn Ihr rechter Nasenflügel verstopft ist, ist dies glückbringend für das Erreichen Ihrer Ziele.

• Plötzliches Niesen, Husten oder Schluckauf deuten darauf hin, dass einige unbedeutende Angelegenheiten Ihre Aufmerksamkeit erfordern.

• Wenn Sie ohne offensichtlichen Grund hungrig sind, können Sie mit materiellem Gewinn rechnen.

• Es ist allgemein glückbringend, wenn Sie ein taubes Gefühl oder ein Kribbeln in Armen oder Beinen verspüren.

• Wenn Sie unerwartete Geräusche von Fahrzeugen oder vorbeigehenden Fußgängern hören, können Sie damit rechnen, dass relativ bald zwei Ereignisse eintreten, die keine Früchte tragen.

• Wenn ein Hund bellt, müssen Sie vermutlich ein paar offizielle Angelegenheiten mit den Behörden regeln.

• Es ist glückbringend, wenn Sie aus Versehen Ihre Kleidung versengen oder verbrennen.

• Wenn Sie feststellen, dass Ihre Kleidung von Motten beschädigt wurde, können Sie damit rechnen, dass Ihre häuslichen Angelegenheiten gedeihen.

• Wenn Sie die Schreie von Krähen oder Raben hören, können Sie unter anderem mit guten Nachrichten rechnen und damit, dass Blut vergossen wird.

• Wenn Sie Ihre Kleidung mit Öl oder Fett beschmutzen, werden Sie neue Kleider bekommen.

• Wenn die Erde bebt, müssen Sie mit Unruhen, Versorgungsengpässen oder Krieg rechnen.

SOFORTIGER RAT VOM RAD DES LEBENS

Wahre Kreativität ist ein wundervolles Geschenk, von dem wir im Alltag oft das Gefühl haben, dass es in weiter Ferne liegt. In jedem von uns schlummert ein verborgenes Talent, aber es kann sein, dass wir einen Mangel an Vertrauen oder die Angst vor dem Scheitern überwinden müssen, um es zu entdecken. Sie sind aufgefordert, sich zu öffnen und Ihre kreativen Fähigkeiten zu entwickeln. Dies kann durch Konzentration auf anstehende Aufgaben und durch fleißiges Üben erreicht werden. Lassen Sie sich nicht entmutigen, wenn der Erfolg sich nicht sofort

einstellt. Wenn Sie die nötigen Fähigkeiten und das nötige Wissen haben, werden Sie Ihr Ziel schnell erreichen. Ihre gegenwärtigen Umstände sind förderlich für alle Unternehmungen, die Kunst oder Kreativität im allgemeinen betreffen. Wenn Sie das Gefühl haben, der Aufgabe noch nicht gewachsen zu sein, gibt der Töpfer Ihnen den Rat, mehr Zeit in die Entwicklung Ihrer Fähigkeiten zu investieren und die verschiedenen Bereiche Ihres Lebens miteinander in Einklang zu bringen.

Der spielende Affe

BEWUSSTSEIN

◆

D er spielende Affe macht uns vor, wie wir uns selbst aus starren Mustern befreien können, die ins Unglück und in die Stagnation führen. Er benutzt all seine Sinne, um seine Umwelt zu erforschen, und genau das sollten wir auch tun. Allzu oft erleben wir die Welt nicht mit spielerischer Frische und Freude, sondern lassen zu, dass unser Leben schal und langweilig wird. Der spielende Affe weist auf die Bedeutung des freien Ausdrucks und einer offenen Einstellung hin. Während wir uns auf diese Weise entwickeln, lernen wir, besser mit allem umzugehen, was uns in der äußeren Welt begegnet, und den frischen Wind des freudvollen Spiels in unseren Alltag zu bringen.

WENN DIES IHR GEBURTSZEICHEN IST

Im Zeichen des spielenden Affen geborene Menschen sind mit Geduld gesegnet und mit der Fähigkeit, alle Widrigkeiten zu ertragen, mit denen das Leben sie konfrontiert. Sie handeln mutig und entschlossen, sind aber wahrscheinlich nicht reich. Sie haben die Fähigkeit, diejenigen zufrieden zu stellen, von denen sie belehrt und angeleitet werden. Der fünfte Tag, der fünfte Monat und das fünfte Jahr sind wichtige Zeiten in der Kindheit der in diesem Zeichen geborenen Menschen. Wenn sie ihr vierundsechzigstes Lebensjahr vollendet haben, müssen sie auf ihre Gesundheit achten, weil ihr Vorrat an Verdiensten und Vitalität dann zu schwinden beginnt. ALLGEMEINER AUSBLICK: Ein günstiges Zeichen für alles, was mit Geschwistern zu tun hat.

WENN DIES IHR ZEICHEN FÜR DEN TAG IST

Dies ist ein guter Tag, um sich auf Ihre Kraftquellen zu besinnen und sich mit anstehenden Problemen oder mit Menschen zu beschäftigen, die Ihnen feindlich gesonnen sind. Heute sind Sie in einer Machtposition, was Sie in die Lage versetzt, Großes zu erreichen, wenn Sie dies möchten. Es ist ein guter Tag, um ein neues Haus zu beziehen. Wenn Sie heute baden müssen, sollten Sie sich vor möglichen Widrigkeiten schützen. Sie werden sich gut fühlen und Vorteile ernten, wenn Sie in neuer Kleidung aus dem Haus gehen.

Reisen

• Wenn Sie nach Osten reisen, werden Sie Schwierigkeiten haben.
• Wenn Sie nach Süden reisen, sind Sie sicher und das Glück ist Ihnen hold.
• Wenn Sie nach Westen reisen, werden Sie mit Missklängen und Störungen konfrontiert.
• Wenn Sie nach Norden reisen, werden Sie materiellen Gewinn erlangen und angenehm erleichtert zurückkehren.

Gewinn und Verlust

In allem, was Sie tun, weil Sie sich Vorteile davon erhoffen, sind Sie dem Erfolg nahe. Es kann jedoch sein, dass Sie sich ein wenig verwirrt fühlen, und das könnte Ihre Erfolgschancen beeinträchtigen. Am besten ist es, wenn Sie Ihre Aufmerksamkeit jetzt ganz auf die anstehenden Aufgaben richten und auf den Rat anderer Menschen hören.

Krankheit

Wenn Sie heute krank werden, sollten Sie beträchtliche Anstrengungen unternehmen, um sich zu pflegen. Diese Krankheit kann am fünften und achten Tag bedrohlich sein. Wenn Sie jedoch entsprechende Vorkehrungen treffen, werden Sie in der siebten Nacht danach wieder gesund.

Omen

• Wenn Sie ein Zucken oder eine andere Reizung am linken Auge verspüren, werden Sie neue Kleider bekommen.

• Ein Zucken oder eine andere Reizung am rechten Auge kündigt Streit an.

• Wenn Ihr linker Nasenflügel verstopft ist, wird etwas geschehen, das günstig für Sie ist.

• Wenn Ihr rechter Nasenflügel verstopft ist, können Sie mit etwas rechnen, das Sie sehr froh macht.

• Plötzliches Niesen, Husten oder Schluckauf sind allgemein glückbringend.

• Wenn Sie ohne offensichtlichen Grund hungrig sind, können Sie damit rechnen, dass etwas Beunruhigendes passiert.

• Wenn Sie ein taubes Gefühl oder ein Kribbeln in Armen oder Beinen verspüren, wird Sie jemand besuchen und Sie um etwas bitten.

• Wenn Sie unerwartete Geräusche von Fahrzeugen oder vorbeigehenden Fußgängern hören, können Sie damit rechnen, dass Sie jemand besucht, dessen Meinung im Gegensatz zu Ihrer Meinung steht.

• Wenn ein Hund bellt, sollten Sie Ihren Besitz gegen Diebstahl schützen.

• Wenn Sie aus Versehen Ihre Kleidung versengen oder verbrennen, können Sie mit kleineren materiellen Gewinnen rechnen.

• Wenn Sie feststellen, dass Ihre Kleidung von Motten beschädigt wurde, werden Sie etwas wiederbekommen, das Sie verloren hatten.

• Wenn Sie die Schreie von Krähen oder Raben hören, können Sie mit Unstimmigkeiten rechnen.

• Wenn Sie Ihre Kleidung mit Öl oder Fett beschmutzen, ist dies ungünstig für Ihre Familie.

• Wenn die Erde bebt, müssen Sie damit rechnen, dass Armeen aufeinandertreffen.

SOFORTIGER RAT VOM RAD DES LEBENS

Während wir älter werden und immer mehr Verantwortungen übernehmen, verlieren wir die Fähigkeit, fröhlich und unbeschwert zu spielen. Sie sind übervorsichtig geworden und haben sich zu sehr auf die Dinge in Ihrem Leben konzentriert, die Sie einengen. Nun laufen Sie Gefahr, im Alltag stecken zu bleiben. Möglicherweise machen Sie sich so viele Gedanken darüber, was andere von Ihnen denken könnten, dass Sie überhaupt nicht mehr in der Lage sind, die unbeschwerte und fröhliche Seite Ihrer Persönlichkeit zu zeigen. Erinnern Sie sich an das selbstvergessene Glück, das Sie als Kind erlebt haben. Lernen Sie, sich zu entspannen und Spaß zu haben. Fangen Sie an, sich körperlich zu betätigen. Suchen Sie sich eine Sportart oder ein Spiel aus, an dem Sie Spaß haben. Wenn es Ihnen gelingt, die Schwere des Alltags abzuwerfen, werden Sie sich auch bezüglich der in Frage stehenden Angelegenheit besser ausdrücken können. Wenn Sie aufhören, sich Sorgen zu machen, haben Sie gute Aussichten auf Erfolg.

Zwei in einem Boot

NAME UND FORM

♦

Zwei Menschen fahren in einem Boot über einen breiten gefährlichen Fluss. Einer steuert das Boot, während der andere nach Gefahren Ausschau hält. Dieses Bild zeigt uns, wie wir als reife Erwachsene leben sollten. Auf unserer Reise durch das Leben müssen wir uns vorwärts bewegen, ohne unsere Ziele aus den Augen zu verlieren. Unsere Chancen, dabei erfolgreich zu sein, sind größer, wenn wir Freunde haben. Wir müssen also die Fähigkeit entwickeln, unsere Ziele zu verfolgen, auch wenn wir mit Widrigkeiten zu kämpfen haben. Gleichzeitig müssen wir lernen, wie wir starke Freunde gewinnen und behalten können, denn sie helfen uns, diese Ziele zu erreichen.

WENN DIES IHR GEBURTSZEICHEN IST

Menschen, die in diesem Zeichen geboren wurden, sind selten krank und erfreuen sich ein Leben lang guter Gesundheit. In jungen Jahren begegnen sie vielen Menschen, die ihnen nicht wohl gesonnen sind. In der Mitte ihres Lebens erfahren sie jedoch Liebe und Glück und bringen es zu materiellem Reichtum. Der sechste Tag, der sechste Monat und das sechste, neunte und zwölfte Jahr sind kritische Zeiten in der Kindheit

dieser Menschen. Wenn sie ihr einundachtzigstes Lebensjahr vollendet haben, müssen sie sich um ihre Gesundheit kümmern, weil ihr Vorrat an Verdiensten und Vitalität zu schwinden beginnt.
ALLGEMEINER AUSBLICK: Ein günstiges Zeichen für alles, was mit Verwandten zu tun hat.

WENN DIES IHR ZEICHEN FÜR DEN TAG IST

Dies ist ein guter Tag, um sich über Ihre Situation klar zu werden. Versuchen Sie, Konflikte und Konfrontationen zu vermeiden. Erledigen Sie das, was Sie tun müssen, schnell und bleiben Sie dann zu Hause. Am besten verbringen Sie den Tag mit ruhigen Beschäftigungen. Es bringt Vorteile, heute einen spirituellen Lehrer aufzusuchen. Wenn Sie in neuen Kleidern ausgehen, werden Sie sich anfangs glücklich fühlen, aber Ihre Laune wird sich bald verschlechtern.

Reisen

• Wenn Sie nach Osten reisen, werden Sie auf große Menschenmengen treffen.
• Wenn Sie nach Süden reisen, werden sich alle Ihre Wünsche erfüllen.
• Wenn Sie nach Westen reisen, wird sich der Zweck Ihrer Reise nicht erfüllen.
• Wenn Sie nach Norden reisen, werden Sie beträchtliche Schwierigkeiten haben.

Gewinn und Verlust

Sie stehen kurz vor der Verwirklichung Ihrer Ziele. Konzentrieren Sie all Ihre Anstrengungen auf Ihre Ziele und lassen Sie sich durch nichts davon ablenken. Wenn man etwas Lohnendes im Leben erreichen will, muss man manchmal Risiken eingehen und sich in unbekannte Gewässer wagen. Vielleicht machen Sie sich Gedanken über die moralische Vertretbarkeit einiger Aspekte, aber das ist unnötig. Legen Sie Ihre Bedenken beiseite. Wenn Sie entschlossen bleiben und sich von ganzem Herzen für die Sache einsetzen, ist Ihnen der Erfolg gewiss.

Krankheit

Wenn Sie heute krank werden, sollten Sie beträchtliche Anstrengungen unternehmen, um sich zu pflegen. Die Krankheit kann am dritten und fünften Tag bedrohlich sein. Wenn Sie jedoch entsprechende Vorkehrungen treffen, werden Sie in der siebten Nacht wieder gesund.

Omen

• Ein Zucken oder eine andere Reizung am linken Auge weist darauf hin, dass Sie bald ein wenig Geld erben.

• Ein Zucken oder eine andere Reizung am rechten Auge verspricht etwas Neues.

• Wenn Ihr linker Nasenflügel verstopft ist, gibt es Verzögerungen.

• Wenn Ihr rechter Nasenflügel verstopft ist, können Sie damit rechnen, dass Ihnen Geld gegeben wird.

• Plötzliches Niesen, Husten oder Schluckauf deuten darauf hin, dass Neuigkeiten auf Sie warten.

• Wenn Sie ohne offensichtlichen Grund hungrig sind, ist dies glückbringend für Ihre Familie.

• Ein taubes Gefühl oder ein Kribbeln in den Gliedmaßen kündigt Streit an.

• Wenn Sie unerwartete Geräusche von Fahrzeugen oder vorbeigehenden Fußgängern hören, bekommen Sie Besuch von einem Freund.

• Wenn ein Hund bellt, sollten Sie damit rechnen, dass jemand stirbt.

• Es ist allgemein glückbringend, wenn Sie aus Versehen Ihre Kleidung versengen oder verbrennen.

• Wenn Sie bemerken, dass Ihre Kleidung von Motten beschädigt wurde, werden Sie etwas Unbedeutendes verlieren und etwas anderes gewinnen.

• Wenn Sie die Schreie von Krähen oder Raben hören, werden Sie eine Enttäuschung erleben.

• Wenn Sie Ihre Kleidung mit Öl oder Fett beschmutzen, sollten Sie über die Bedürfnisse Ihrer Eltern nachdenken.

• Wenn die Erde bebt, können Sie mit einer allgemeinen Verringerung der Unruhe um Sie herum rechnen.

SOFORTIGER RAT VOM RAD DES LEBENS

Sie haben einen Punkt erreicht, an dem Sie Ihre gegenwärtige Umgebung hinter sich lassen und zu neuen Horizonten aufbrechen müssen. Während Sie die vertrauten Orientierungspunkte aus den Augen verlieren, haben Sie vielleicht das Gefühl, sich verirrt zu haben. Übernehmen Sie in dieser Zeit der Veränderung die Kontrolle und steuern Sie einen erfolgversprechenden Ausweg an, indem Sie die Richtung, die Ihr Leben einschlägt, sorgfältig überdenken. Jetzt ist eine besonders gute Zeit, um neue Freundschaften zu schließen oder den Kontakt mit alten

Freunden aufzufrischen. Wenn Sie glauben, Ihren Weg verloren zu haben, sollten Sie den Rat und die Unterstützung jener Menschen suchen, die Ihnen nahe stehen. Alle Unternehmungen, die mit Partnerschaften zu tun haben, seien sie sozialer oder geschäftlicher Art, sind von Erfolg gekrönt, wenn ein hohes Maß an Kooperationsbereitschaft und Respekt vorhanden ist. Wenn Sie den erforderlichen Grad an gegenseitigem Verständnis nicht erreichen, werden diese Unternehmungen in die Katastrophe führen.

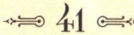

Sechs leere Häuser

DIE SECHS SINNESBEREICHE

♦

Die sechs leeren Häuser sind unbewohnt. Sind sie von ihren Besitzern verlassen worden oder warten sie auf neue Bewohner? Während das Leben seinen Lauf nimmt, stellen wir oft fest, dass unsere Bedürfnisse unseren ursprünglichen Umständen entwachsen sind. Um weiter wachsen zu können, müssen wir die Hüllen zurücklassen, aus denen wir herausgewachsen sind und die uns einschränken. Das kann bedeuten, dass wir in Situationen geraten, die andere zurückgelassen haben, als es an ihnen war weiterzuziehen. Bedenken Sie, dass etwas, was einen Menschen einschränkt, genau das sein kann, was ein anderer gerade braucht.

WENN DIES IHR GEBURTSZEICHEN IST

Menschen, die in diesem Zeichen geboren wurden, haben den Willen, sich weiterzubilden. Sie werden häufig im Leben mit Krankheit und Enttäuschung konfrontiert, wodurch sie viel Mut entwickeln. Sie sehnen sich nach den guten Dingen im Leben und sollten sich vor Missgunst hüten. Der fünfte Tag, der dritte und vierte Monat und das achte und zehnte Jahr sind kritische Zeiten in der Kindheit dieser Menschen. Wenn sie ihr vierundsechzigstes Lebensjahr erreicht haben, müssen sie sich um ihre Gesundheit kümmern, denn dann beginnt ihr Vorrat an Verdiensten und Vitalität zu schwinden. ALLGEMEINER AUSBLICK: Ein günstiges Zeichen für alles, was mit Freunden oder Kindern zu tun hat.

WENN DIES IHR ZEICHEN FÜR DEN TAG IST

Dies ist ein guter Tag für alles, was mit Ihrem Zuhause und mit Umzügen zu tun hat. Es ist kein guter Tag, um in äußere Ereignisse verwickelt zu werden. Bleiben Sie zu Hause, wenn das möglich ist. Hier sind Sie in einer starken Position. Führen Sie Routinearbeiten in und an Ihrem Haus aus und kümmern Sie sich um alles, was repariert werden muss. Da Sie heute ein wenig verletzlich sind, sollten Sie jegliche Negativität in Ihrem Verhalten und in Ihrem Denken vermeiden. Wenn Sie möchten, können Sie Ihre Zeit auch mit einer spirituellen Praxis verbringen.

Reisen

• Wenn Sie nach Osten reisen, wird sich der Zweck Ihrer Reise erfüllen.
• Wenn Sie nach Süden reisen, werden Sie Glück und Freude finden.
• Wenn Sie nach Westen reisen, werden sich alle Ihre Wünsche erfüllen.
• Wenn Sie nach Norden reisen, werden Sie Ihre Ziele erreichen und das finden, wonach Sie suchen.

Gewinn und Verlust

Wenn Sie Ihre Ziele erreichen wollen, müssen Sie an einen anderen Ort reisen. An Ihrem Bestimmungsort werden Sie Umstände vorfinden, die Ihrem Erfolg zuträglicher sind, obwohl auch Geduld und eine positive Einstellung wichtig sind. Sie sollten auch den kleinsten Einzelheiten Aufmerksamkeit schenken, denn sie zu vernachlässigen könnte Ihre Erfolgschancen mindern.

Krankheit

Wenn Sie heute krank werden, sollten Sie beträchtliche Anstrengungen unternehmen, um für sich zu sorgen. Diese Krankheit ist am dritten und vierten Tags möglicherweise bedrohlich. Wenn Sie jedoch entsprechende Vorkehrungen treffen, werden Sie in der zehnten Nacht wieder gesund.

Omen

• Ein Zucken oder eine andere Reizung am linken Auge kann darauf hinweisen, dass Ihren Eltern gerade etwas Gutes widerfährt.

• Wenn Sie ein Zucken oder eine andere Reizung am rechten Auge verspüren, müssen Sie damit rechnen, dass Ihr Glücksstern sinkt.

• Wenn Ihr linker Nasenflügel verstopft ist, können Sie Unstimmigkeiten und Streit erwarten.

• Ein verstopfter rechter Nasenflügel ist ein ungünstiges Zeichen.

• Plötzliches Niesen, Husten oder Schluckauf deuten darauf hin, dass jemand von weither kommt, um Sie um etwas zu bitten.

• Wenn Sie grundlos Hunger haben, können Sie damit rechnen, dass eine Arbeit anfällt, die Ihrer Aufmerksamkeit bedarf.

• Ein taubes Gefühl oder ein Kribbeln in Armen und Beinen ist allgemein günstig, obwohl Sie vielleicht auch von einem Todesfall hören.

• Wenn ein Hund bellt, müssen Sie mit Unstimmigkeiten rechnen.

• Wenn Sie aus Versehen Ihre Kleidung versengen oder verbrennen, können Sie ebenfalls mit Unstimmigkeiten rechnen.

• Wenn Sie bemerken, dass Ihre Kleidung von Motten beschädigt wurde, kann es sein, dass jemand durch Feuer oder Wasser stirbt.

• Wenn Sie die Schreie von Krähen oder Raben hören, können Sie damit rechnen, dass Ihnen jemand etwas schenkt.

• Wenn Sie Ihre Kleidung mit Öl oder Fett beschmutzen, ist dies ein ungünstiges Zeichen.

• Wenn die Erde bebt, können Sie damit rechnen, dass ein paar alte Menschen bald sterben.

SOFORTIGER RAT VOM RAD DES LEBENS

Sie sind aus vielem herausgewachsen, das Ihnen früher lieb und teuer war. Jetzt haben Sie zunehmend das Gefühl, in Ihren alltäglichen Umständen gefangen zu sein. Vielleicht neigen Sie dazu, sich aus Nostalgie und Gewohnheit an die Vergangenheit zu klammern, aber das ist sehr gefährlich. Sie werden Verluste hinnehmen müssen und Katastrophen erleben, wenn Sie jetzt keine radikalen Veränderungen vornehmen. Indem Sie wachsen, haben Sie die Möglichkeit, mehr zu gewinnen, als Sie sich vorstellen können. Ihre kreativen Fähigkeiten sind unterdrückt

worden und Sie laufen Gefahr, die Hoffnung zu verlieren. Wenn Sie Ihre Situation verbessern wollen, müssen Sie einen Arbeitsplatzwechsel planen oder über einen Wechsel Ihres Wohnortes nachdenken. Ein erfolgreicher Ausweg aus diesem Dilemma hängt von Ihrer Fähigkeit ab, Veränderungen zu akzeptieren. Überwinden Sie sämtliche Zweifel, die Sie vielleicht noch haben. Sie werden feststellen, dass das Leben viel einfacher wird, sobald Sie einen Anfang gemacht haben.

Das Paar

BERÜHRUNG

◆

Das Paar genießt die Freuden der sexuellen Vereinigung. Das soll uns zeigen, dass es in einer einsamen oder einseitigen Existenz an etwas Wesentlichem fehlt. Natürlich können wir auch allein großes Glück erfahren, aber als menschliche Wesen brauchen wir die Liebe und Partnerschaft eines anderen Menschen. In unserer Entwicklung kommen wir irgendwann an einen Punkt, an dem wir unser volles Potential nur noch mit und durch einen Menschen verwirklichen können, den wir lieben. Ähnlich wie ein Kind, das aus einer sexuellen Vereinigung entsteht, ein eigenständiges Wesen ist, können wir auf einer anderen Ebenen mehr werden, als wir als einsame Individuen sind, wenn wir unser Leben in inniger Liebe mit einem anderen Menschen teilen.

Wenn dies Ihr Geburtszeichen ist

Menschen, die im Zeichen des Paares geboren wurden, sind mit Intelligenz, Redegewandtheit und großer Kompetenz gesegnet. Sie werden es zu Wohlstand bringen und sich nach der Gesellschaft des anderen Geschlechts sehnen, aber sie müssen sich vor Unehrlichkeit und Eifersucht hüten. Der zweite, dritte und fünfte Tag, der dritte, fünfte und neunte Monat und das neunte Jahr sind kritische Zeiten in der Kindheit dieser Menschen. Wenn sie ihr dreiundsechzigstes Lebensjahr vollendet haben, müssen sie auf ihre Gesundheit achten, weil ihr Vorrat an Verdiensten und Vitalität dann zu schwinden beginnt.

ALLGEMEINER AUSBLICK: Ein günstiges Zeichen für alles, was mit feindlich gesinnten Menschen zu tun hat.

Wenn dies Ihr Zeichen für den Tag ist

Dies ist ein guter Tag für alle Aktivitäten, die mit körperlicher Bewegung zu tun haben und für das Ausführen von Arbeiten im Auftrag von anderen. Heute sind Sie in der Lage, jede anstrengende Aufgabe zu erledigen, mit der Sie betraut werden. Seien Sie jedoch in Ihrem Umgang mit anderen vorsichtig. Die möglicherweise negative Einstellung der Menschen in Ihrer Umgebung könnte zu Konflikten führen. Wenn Sie die richtige Einstellung haben, ist dies auch ein guter Tag, um sich mit allem zu beschäftigen, was unangenehm oder gefährlich ist.

Reisen

• Wenn Sie nach Osten reisen, werden Sie unmittelbar nach Beginn Ihrer Reise krank werden.
• Wenn Sie nach Süden reisen, wird Ihre Reise allgemein vorteilhaft sein.
• Wenn Sie nach Westen reisen, werden Sie etwas Beunruhigendes oder Beängstigendes erleben.
• Wenn Sie nach Norden reisen, werden Sie Ihr Ziel erreichen, aber erst sehr spät zurückkehren.

Gewinn und Verlust

Sie können es sich leisten, bezüglich aller Projekte, die Sie in Angriff genommen haben, flexibel zu sein. Es spielt keine Rolle, ob Sie bleiben, wo Sie sind, oder ob Sie an einen anderen Ort gehen – erfolgreich sind Sie in jedem Fall. Doch welchen Weg Sie auch wählen, Schnelligkeit ist wichtig, um ein gutes Ergebnis zu erzielen.

Krankheit

Wenn Sie heute krank werden, sollten Sie beträchtliche Anstrengungen unternehmen, um sich zu pflegen. Diese Krankheit kann am dritten Tag bedrohlich werden. Wenn Sie jedoch entsprechende Vorkehrungen treffen, werden Sie sich am achten Tag wieder ein wenig erholt haben. Die Aussichten sind jedoch weniger gut, wenn danach noch Symptome bestehen bleiben.

Omen

• Ein Zucken oder eine andere Reizung am linken Auge kündigt Streit an.

• Ein Zucken oder eine andere Reizung am rechten Auge verspricht etwas Angenehmes.

• Wenn Ihr linker Nasenflügel verstopft ist, wird jemand kommen und Sie besuchen.

• Wenn Ihr rechter Nasenflügel verstopft ist, dann ist dies ein etwas ungünstiges Zeichen.

• Plötzliches Niesen, Husten oder Schluckauf weisen auf mögliche Unstimmigkeiten und Streit hin.

• Hunger, der Sie ohne offensichtlichen Grund überfällt, ist ein unglückbringendes Zeichen für Ihre Familie.

• Ein taubes Gefühl oder ein Kribbeln in Armen oder Beinen weist auf mögliche Unstimmigkeiten und Streit hin.

• Wenn Sie unerwartete Geräusche von Fahrzeugen oder vorbeigehenden Fußgängern hören, können Sie mit guten Nachrichten rechnen.

• Wenn ein Hund bellt, sollten Sie sich vor Dieben hüten.

• Wenn Sie aus Versehen Ihre Kleidung versengen oder verbrennen, wird jemand sterben.

• Wenn Sie bemerken, dass Ihre Kleidung von Motten beschädigt wurde, können Sie mit einem materiellen Gewinn rechnen.

• Wenn Sie die Schreie von Krähen oder Raben hören, ist dies ein allgemein ungünstiges Zeichen.

• Wenn Sie Ihre Kleidung mit Öl oder Fett beschmutzen, ist dies glückbringend für Ihre Verwandten.

• Wenn die Erde bebt, können Sie mit Unstimmigkeiten und Zank rechnen.

SOFORTIGER RAT VOM RAD DES LEBENS

In dem Wirkungsbereich, den Sie sich ausgesucht haben, sind Sie sehr erfolgreich, aber auf dem Weg dahin haben Sie innige und vertrauensvolle Beziehungen zu anderen Menschen geopfert. Es ist jetzt wichtiger als je zuvor, dass Sie sich mit einem Menschen verbünden, den Sie als gleichberechtigt akzeptieren können. Dies ist generell eine günstige Zeit für Beziehungen, aber mit romantischen Beziehungen werden Sie im Moment besonders viel Glück haben. Sie leben schon eine ganze Zeit ohne die Anregung, welche die Freundschaft und Liebe eines anderen

Menschen geben kann. Jetzt ist es an der Zeit, dass Sie Ihr Leben dadurch bereichern, dass Sie es teilen. Wenn es um die Bewältigung anstehender Aufgaben geht, werden Sie erfolgreich sein, wenn Sie sich mit einem Menschen zusammentun, der Ihnen nahe steht. Dies ist ein guter Zeitpunkt, um neue Projekte und Unternehmungen zu planen, obwohl Sie keine sofortigen Erfolge erwarten sollten. Es braucht ein wenig Zeit, bis sich die Ergebnisse manifestieren.

Der Pfeil

EMPFINDUNG

◆

Der Pfeil schickt uns eine Warnung. Während wir uns auf eine neue Ebene der Entwicklung begeben, zögern wir oft, die Lebensumstände aufzugeben, an die wir uns gewöhnt haben und die wir

angenehm finden. Wenn wir uns jedoch zu fest an das Gewohnte klammern, kann es sein, dass sich die Ereignisse gegen uns verschwören, um unser Glück zu zerstören und uns ins Elend zu werfen. Der Konflikt, der entsteht, wenn wir versuchen, Veränderungen zu vermeiden, führt unvermeidlich zu Schmerzen. Wachstum ist schwierig und erfordert viel Mut. An diesem Punkt treffen wir jedoch üblicherweise auf etwas, das genug Kraft hat, um uns wieder in Gang zu bringen.

Wenn dies Ihr Geburtszeichen ist

Menschen, die im Zeichen des Pfeils geboren sind, sind angesehen und außerordentlich beliebt. Im allgemeinen führen sie ein sorgenfreies Leben und sind mit materiellen Gütern im Überfluss gesegnet. In ihrem Beruf erreichen sie beachtliche Kompetenz und große Erfahrung. Der zweite und der zehnte Tag, der zweite und der achte Monat und das achte Jahr sind kritische Zeiten in der Kindheit dieser Menschen. Wenn sie ihr vierundsechzigstes Lebensjahr erreicht haben, müssen sie auf ihre Gesundheit achten, denn dann beginnt ihr Vorrat an Verdiensten und Vitalität zu schwinden. ALLGEMEINER AUSBLICK: Ein günstiges Zeichen für Liebesaffären mit dem anderen Geschlecht.

Wenn dies Ihr Zeichen für den Tag ist

Dies ist ein guter Tag um sich mit dem zu beschäftigen, was Sie gern tun und was Sie interessiert. Gönnen Sie sich eine Pause von Ihrer gewöhnlichen Arbeit. Sie sollten über eine Vergnügungsreise nachdenken. Heute können Sie sich gewinnbringend an jeder Form von Handel oder Geldgeschäften beteiligen. Der heutige Tag ist auch günstig, um sich mit Problemen zu befassen, die Sie vielleicht mit Ihren Untergebenen haben. Wenn Sie baden und sich selbst verwöhnen, werden Sie feststellen, dass Sie dies mit einem gewissen inneren Unbehagen tun, wohingegen es Ihnen Spaß macht, sich fein anzuziehen und mit Ihren Freunden auszugehen.

Reisen

• Wenn Sie nach Osten reisen, fühlen Sie sich glücklich und von alten Belastungen befreit.

• Wenn Sie nach Süden reisen, werden Sie mit Störungen und Grobheiten durch andere Menschen konfrontiert.

• Wenn Sie nach Westen reisen, werden Sie erfahren, dass jemand gestorben ist.

• Wenn Sie nach Norden reisen, werden Sie viele angenehme und beruhigende Neuigkeiten hören.

Gewinn und Verlust

Heute bewegen sich die Ereignisse in eine für Sie günstige Richtung. Deshalb sollten Sie tun, was Sie können, um unmittelbar anstehende Projekte zum Abschluss zu bringen. Sie werden besonders erfolgreich sein, wenn Ihre Ziele uneigennützig sind und anderen ebenso viele Vorteile bringen wie Ihnen selbst. Sie können sich angesichts dieser Entwicklung beglückwünschen und mit Recht stolz darauf sein.

Krankheit

Wenn Sie heute krank werden, sollten Sie beträchtliche Anstrengungen unternehmen, um für sich zu sorgen. Diese Krankheit kann am fünften Tags bedrohlich werden. Wenn Sie jedoch entsprechende Vorkehrungen treffen, werden Sie sich am neunten Tag besser fühlen und in der zehnten Nacht vollständig genesen.

Omen

• Ein Zucken oder eine andere Reizung am linken Auge verspricht einen kleinen Gewinn.

• Wenn Sie ein Zucken oder eine andere Reizung am rechten Auge verspüren, werden Sie Tränen vergießen.

• Wenn Ihr linker Nasenflügel verstopft ist, werden Sie etwas wiederbekommen, das Sie verloren haben.

• Wenn Ihr rechter Nasenflügel verstopft ist, ist dies glückbringend.

• Plötzliches Niesen, Husten oder Schluckauf deuten darauf hin, dass Ihre Situation allgemein günstig ist.

• Wenn Sie ohne Grund Hunger haben, werden Sie bald nach Süden reisen.

• Ein taubes Gefühl oder ein Kribbeln in Armen oder Beinen kündigt Streit an.

• Wenn Sie unerwartete Geräusche von Fahrzeugen oder vorbeigehenden Fußgängern hören, werden Sie etwas Nutzloses und etwas Wertvolles finden.

• Wenn ein Hund bellt, müssen Sie mit Streit rechnen.

• Wenn Sie aus Versehen Ihre Kleidung versengen oder verbrennen, müssen Sie damit rechnen, dass Ihre Aufmerksamkeit in einer unbedeutenden Angelegenheit gefordert ist.

• Wenn Sie bemerken, dass Ihre Kleidung von Motten beschädigt wurde, können Sie damit rechnen, dass Ihr Vorgesetzter Ihnen eine Gefälligkeit erweist.

• Wenn Sie die Schreie von Krähen oder Raben hören, können Sie mit einem sehr wichtigen Gast rechnen.

• Wenn Sie Ihre Kleidung mit Öl oder Fett beschmutzen, wird etwas Unangenehmes geschehen.

• Wenn die Erde bebt, bekommen Sie Besuch von jemandem, der Ihnen unterstellt ist.

SOFORTIGER RAT VOM RAD DES LEBENS

Die Gezeiten des Glücks kommen und gehen und im Laufe eines Lebens werden Sie sowohl Ebbe als auch Flut erleben. Dies ist keine gute Zeit für Sie, weder im sozialen noch im geschäftlichen Bereich. Sie waren in der Vergangenheit übermäßig zuversichtlich und bezahlen jetzt den Preis dafür. Wenn Sie Ihre Aufmerksamkeit weiterhin nur auf das richten, was gerade ansteht, kann es passieren, dass Sie von einem plötzlich eintretenden Missgeschick überrascht werden. Sie haben bereits viele gute Dinge erreicht, aber Sie haben vergessen, wie man flexibel bleibt.

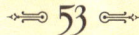

Sie haben sich an den Erfolg gewöhnt und dabei nicht bemerkt, dass sich die Umstände um Sie herum verändert haben. Wenn Sie in Ihren aktuellen Unternehmungen erfolgreich sein wollen, müssen Sie auf ein beträchtliches Maß an Anstrengung und Unbehagen gefasst sein. Versuchen Sie, aus Ihrem Missgeschick zu lernen, was immer Sie können, und finden Sie heraus, welche Einstellungen und welche Bereiche Ihres Charakters einer Veränderung bedürfen.

Trinken

VERLANGEN

◆

Dieses Zeichen enthält zwei Botschaften. Wenn wir versuchen, die Veränderungen zu vermeiden, die Wachstum unweigerlich mit sich bringt, geraten wir in einen Konflikt.

Es gibt zwei Arten, mit dem Schmerz umzugehen, der dadurch entsteht. Wir können versuchen, die Unannehmlichkeit mit etwas auszulöschen, das uns zeitweilige Erleichterung bringt. Oder wir suchen die Gesellschaft anderer Menschen, teilen unsere Sorgen mit ihnen und finden auf diese Weise die Sympathie und Unterstützung, die uns genügend Kraft zum Weitergehen gibt. Mit anderen Worten: Entweder fallen wir in die Grube des Selbstmitleids oder wir schreiten mutig voran und erweitern unseren Horizont, indem wir versuchen, mit neuen Ideen in Kontakt zu kommen.

WENN DIES IHR GEBURTSZEICHEN IST

Das Leben der Menschen, die in diesem Zeichen geboren wurden, ist voll von angenehmen Erfahrungen und frei von schweren Krankheiten. Sie sind mit Führungsqualitäten gesegnet und werden viele Kinder und Enkelkinder haben; viele Feinde, aber auch viele Freunde. Der zehnte Tag, der dritte und der fünfte Monat und das neunte Jahr sind kritische Zeiten in der Kindheit dieser Menschen. Wenn sie ihr vierundachtzigstes Lebensjahr erreicht haben, müssen sie sich um ihre Gesundheit kümmern, denn dann beginnt ihr Vorrat an Verdiensten und Vitalität zu schwinden.

ALLGEMEINER AUSBLICK: Ein günstiges Zeichen für alles, was mit dem eigenen Lebensunterhalt zu tun hat.

WENN DIES IHR ZEICHEN FÜR DEN TAG IST

Dies ist ein guter Tag für schnellen Erfolg bei allen Aktivitäten, die mit Geld, Besitz oder materiellem Gewinn aller Art zu tun haben. Sie werden wahrscheinlich feststellen, dass verschiedene negative Einflüsse entstehen, wenn Sie baden, Ihr Haar waschen oder sich fein machen, um auszugehen. Sie verbringen Ihre Zeit besser damit, einer spirituellen Praxis nachzugehen.

Reisen

• Wenn Sie nach Osten reisen, werden Sie neue Kleidung bekommen.
• Wenn Sie nach Süden reisen, werden Sie Ihre Ziele ohne große Mühe erreichen..
• Wenn Sie nach Westen reisen, werden Sie etwas über einen Tod oder eine Katastrophe erfahren.
• Wenn Sie nach Norden reisen, werden Sie Glück haben und mit innerer Gelassenheit zurückkehren.

Gewinn und Verlust

Sie werden wahrscheinlich Probleme bekommen, wenn Sie bei dem, was Sie tun, einen bestimmten Kurs beibehalten. Verlassen Sie sich auf den Beistand der Menschen, die in der Lage sind, Ihnen zu helfen, und hören Sie auf den Rat von Freunden, denn hier liegt der Schlüssel zum Erfolg in dieser Angelegenheit. Wenn Sie alle gefährlichen Situationen vermeiden, werden Sie höchstwahrscheinlich Erfolg haben.

Krankheit

Wenn Sie heute krank werden, sollten Sie beträchtliche Anstrengungen unternehmen, um sich zu pflegen. Diese Krankheit kann am achten und zehnten Tag bedrohlich werden. Wenn Sie jedoch entsprechende Vorkehrungen treffen, werden Sie am neunzehnten Tag genesen.

Omen

• Wenn Sie ein Zucken oder eine andere Reizung am linken Auge verspüren, können Sie mit dem Besuch eines Verwandten rechnen.
• Wenn Sie ein Zucken oder eine andere Reizung am rechten Auge verspüren, werden Sie etwas verlieren.

- Wenn Ihr linker Nasenflügel verstopft ist, werden Sie von einem Todesfall hören.
- Wenn Ihr rechter Nasenflügel verstopft ist, bekommen Sie gute Nachrichten von einem engen Freund.
- Plötzliches Niesen, Husten oder Schluckauf deuten darauf hin, dass Sie bald ein Bedürfnis nach etwas verspüren.
- Wenn Sie ohne offensichtlichen Grund Hunger haben, können Sie damit rechnen, dass etwas sehr Beängstigendes geschieht.
- Wenn Sie ein taubes Gefühl oder ein Kribbeln in Armen oder Beinen wahrnehmen, wird es bald größere Unstimmigkeiten und Streit geben.
- Wenn Sie unerwartete Geräusche von Fahrzeugen oder Fußgängern hören, können Sie mit materiellem Gewinn rechnen.

- Wenn ein Hund bellt, müssen Sie damit rechnen, dass es gewaltigen Streit gibt.
- Wenn Sie aus Versehen Ihre Kleidung versengen oder verbrennen, sollten Sie sich vor Krankheit hüten. Es kann aber auch sein, dass Sie neue Kleider bekommen.
- Wenn Sie bemerken, dass Ihre Kleidung von Motten beschädigt wurde, können Sie damit rechnen, dass bald jemand stirbt.
- Wenn Sie die Schreie von Krähen oder Raben hören, werden Sie bald Neuigkeiten über ein Kind hören.
- Wenn Sie Ihre Kleidung mit Öl oder Fett beschmutzen, werden Sie Glück haben, wenn Sie diese Kleidung tragen.
- Wenn die Erde bebt, werden Sie Besuch von jemandem bekommen, der feindlich gesonnen ist. Es kann aber auch sein, dass eine Krankheit ausbricht.

SOFORTIGER RAT VOM RAD DES LEBENS

Es gibt Zeiten im Leben, in denen man feiern sollte, aber hüten Sie sich davor, sich auf Ihren Lorbeeren auszuruhen. Ihre Aussichten sind derzeit nicht besonders gut, weil Sie sich der Realität nicht stellen wollen. Wenn Sie ehrgeizige Pläne für Ihre Zukunft gemacht haben, sollten Sie diese noch einmal sorgfältig unter die Lupe nehmen. Es besteht die Gefahr, dass Sie sich selbst betrügen und Ihre Zeit in aussichtslose Träume investieren. Um den Kontakt mit der Realität wieder herzustellen, sollten Sie den Rat und die Hilfe anderer in Anspruch nehmen, sei es auf

professioneller oder auf privater Ebene. Die Meinungen anderer sind an dieser Stelle sehr wichtig, weil andere Menschen oft klar und deutlich sehen können, was Sie überhaupt nicht wahrnehmen. Wenn Sie auf den Rat anderer Menschen hören, haben Sie große Chancen, Ihre Ziele zu erreichen. Achten Sie jedoch darauf, dass Sie sich selbst nicht als Opfer sehen, denn das würde alles nur noch schlimmer machen.

Früchte pflücken

◆

Früchte pflücken enthüllt ein mögliches Ergebnis der Herausforderungen, mit denen wir konfrontiert werden, wenn wir wachsen müssen. Wir werden mehr und mehr ichbezogen und habgierig und versuchen verzweifelt, jedes flüchtige Vergnügen zu erhaschen. Während unsere Verhaltensweisen immer starrer werden, verhindern wir jedes weitere Wachstum.

Unsere Perspektive wird immer eingeschränkter und wir beginnen zu stagnieren. Dieses Bild erinnert an das des spielenden Affen, aber ihm fehlt jegliche Spontaneität. Hier kommt eher eine gewisse Zwanghaftigkeit zum Ausdruck.

Wenn dies Ihr Geburtszeichen ist

Menschen, die im Zeichen Früchte pflücken geboren wurden, sind mit Unabhängigkeit und Liebe zum Detail gesegnet. Sie haben große, langfristige Ambitionen und suchen oft die Gesellschaft von Menschen, die ihnen bei der Erfüllung ihrer Wünsche helfen können. Sie neigen zur Redseligkeit und genießen die Sinnesfreuden. Der neunte Tag, der neunte Monat und das zweite, achte und neunte Jahr sind kritische Zeiten in der Kindheit dieser Menschen. Wenn sie ihr vierundsechzigstes Lebensjahr erreicht haben, müssen sie sich um ihre Gesundheit kümmern, denn danach beginnt ihr Vorrat an Verdiensten und Vitalität zu schwinden.

Allgemeiner Ausblick: Ein günstiges Zeichen für alles, was mit Spiritualität und religiöser Praxis zu tun hat.

Wenn dies Ihr Zeichen für den Tag ist

Dieser Tag verspricht schnellen Erfolg bei allen Unternehmungen, die mit Geld zu tun haben. Ansonsten ist es ein Tag, um sich auszuruhen und sich um sich selbst zu kümmern. Es ist auch von Vorteil, wenn Sie sich heute alle medizinischen Behandlungen geben lassen, die Sie brauchen. Der Tag ist auch gut, wenn Sie Ihren spirituellen Führer besuchen oder sich mit einem Menschen des anderen Geschlechts treffen wollen. Sie können damit rechnen, dass etwas Außergewöhnliches passiert, wenn Sie Ihr Haar waschen, und ausgiebiges Baden wird Ihnen materielle Gewinne einbringen.

Reisen

♦ Wenn Sie nach Osten reisen, werden Sie viele unangenehme und beunruhigende Dinge erleben.

♦ Wenn Sie nach Süden reisen, wird Ihre Reise einen glücklichen Ausgang nehmen.

♦ Wenn Sie nach Westen reisen, werden Sie etwas erleben, das Sie ein wenig aufregt.

♦ Wenn Sie nach Norden reisen, werden all Ihre Wünsche erfüllt werden und Sie werden glücklich nach Hause zurückkehren.

Gewinn und Verlust

Ihre allgemeinen Erfolgschancen sind nicht gut, was auf einen Mangel an Harmonie in Ihrer unmittelbaren Umgebung zurückzuführen ist. Menschen, denen Sie bisher vertraut haben, wenden sich gegen Sie. Wenn Sie nicht aufpassen, werden Sie verlieren, was Sie haben. Geben Sie also jeden Wunsch auf, in dieser Angelegenheit erfolgreich zu sein.

Krankheit

Wenn Sie heute krank werden, sollten Sie beträchtliche Anstrengungen unternehmen, um sich zu pflegen. Diese Krankheit kann am achten und zehnten Tag bedrohlich werden. Wenn Sie jedoch entsprechende Vorkehrungen treffen, werden Sie nach dem zehnten Tag völlig genesen.

Omen

• Ein Zucken oder eine andere Reizung am linken Auge kündigt an, dass Sie bald neue Kleider bekommen.

• Ein Zucken oder eine andere Reizung am rechten Auge verspricht etwas Neues für Ihr Haus.

• Ein verstopfter linker Nasenflügel ist ein allgemein gutes Zeichen.

• Wenn Ihr rechter Nasenflügel verstopft ist, werden Sie bald über etwas erleichtert sein.

• Plötzliches Niesen, Husten oder Schluckauf deuten an, dass sie bald von einem Todesfall erfahren.

• Wenn Sie ohne offensichtlichen Grund Hunger haben, müssen Sie mit einem wichtigen Gast rechnen.

• Ein taubes Gefühl ist allgemein glückbringend.

• Wenn Sie unerwartete Geräusche von Fahrzeugen oder vorbeigehenden Fußgängern hören, können Sie damit rechnen, dass jemandem etwas wiederfährt, das möglicherweise fatale Folgen hat.

• Wenn ein Hund bellt, müssen Sie mit Unstimmigkeiten rechnen.

• Wenn Sie Ihre Kleidung versengen oder verbrennen, kann es sein, dass etwas Unangenehmes geschieht.

• Wenn Ihre Kleidung von Motten beschädigt wurde, können Sie mit Streitigkeiten rechnen.

• Wenn Sie die Schreie von Krähen oder Raben hören, müssen Sie damit rechnen, dass ein Verwandter stirbt.

• Wenn Sie Ihre Kleidung mit Öl oder Fett beschmutzen, wird nichts Widriges geschehen, wenn Sie diese Kleidung tragen.

• Wenn die Erde bebt, können Sie damit rechnen, dass Sie Besuch von Menschen bekommen, die Ihnen feindlich gesonnen sind.

SOFORTIGER RAT VOM RAD DES LEBENS

Sie versuchen verbissen, zuviel allein zu schaffen. Die Dinge scheinen zur Zeit gut zu laufen, aber das wird nicht von Dauer sein, weil Sie bestimmte Aspekte Ihres Lebens völlig vernachlässigt haben. In der Vergangenheit war es wichtig, sich zielbewusst und geradlinig auf ganz bestimmte Ziele zu konzentrieren, aber es sind Gefahren entstanden. Ihre Bestrebungen sind zu beschränkt geworden und Sie denken zu sehr über Ihr eigenes materielles und emotionales Wohlergehen nach. Damit Sie überhaupt eine Chance haben, die Rückschläge zu ver-hindern, die am Horizont dro-hen, sollten Sie mehr Zeit mit anderen verbringen und mit ihnen teilen, was Sie haben. Jetzt müssen Sie die Bedürfnisse anderer in den Vordergrund stellen, denn sie sind wichtiger als Ihre eigenen. Ihr Leben wird besser werden, wenn Sie mit Ihrer Zeit und Ihrem Besitz großzügiger umgehen. Sie werden auch feststellen, dass die Menschen, denen Sie geholfen haben, sich zusammentun und Ihnen helfen, wenn Sie in Not sind.

Die Schwangere

◆

D ie schwangere Frau steht für die Notwendigkeit, neue Möglichkeiten
zu hegen und zu pflegen, damit sich etwas verändern und wachsen
kann. Veränderungen geschehen nicht über Nacht,
sondern brauchen Zeit, um sich zu entwickeln. Oft ist es einfach notwendig, dass
wir uns über unsere Situation klar werden und unsere Aufmerksamkeit nach
innen lenken. Auf diese Weise können wir jene in uns schlummernden Qualitäten
hegen, die unser Leben bald verwandeln werden. Rücksichtslosigkeit und
Ungeduld gefährden unsere individuelle Entwicklung.

Wenn dies Ihr Geburtszeichen ist

Menschen, die in diesem Zeichen geboren wurden, sind mit einem schönen Körper und guter Gesundheit gesegnet. Sie werden wohlhabend werden, weil sie ein Händchen für Geschäfte haben. Sie heiraten wahrscheinlich mehrmals und sollten sich vor Verhältnissen mit den Partnern anderer hüten. Der neunte Tag, der zweite und neunte Monat und das achte und neunte Jahr sind kritische Zeiten in der Kindheit dieser Menschen. Wenn sie ihr sechzigstes Lebensjahr vollendet haben, müssen sie sich um ihre Gesundheit kümmern, denn dann beginnt ihr Vorrat an Verdiensten und Vitalität zu schwinden.

Allgemeiner Ausblick: Ein günstiges Zeichen für alle Angelegenheiten, die viel Geduld erfordern.

Wenn dies Ihr Zeichen für den Tag ist

Dies ist ein guter Tag für sexuelle Aktivität und das Zusammensein mit Freunden. Sie werden viel Spaß haben, wenn Sie sich heute mehr gönnen als sonst. Heute ist ebenfalls ein günstiger Tag, um neue Freunde zu gewinnen, die Ihnen unerwarteten Nutzen bringen könnten. Sie sollten sich jedoch davor hüten, mit neuen oder alten Freunden zu viel zu reden.

Reisen

• Wenn Sie nach Osten reisen, werden Sie viel Unangenehmes und Beunruhigendes erleben.

• Wenn Sie nach Süden reisen, werden Sie etwas Vorteilhaftes erleben und äußerst zufrieden sein.

• Wenn Sie nach Westen reisen, können Sie alles erledigen, was Sie sich vorgenommen haben, und werden zufrieden zurückkehren.

• Wenn Sie nach Norden reisen, werden Sie all Ihre Ziele erreichen und sicher zurückkehren.

Gewinn und Verlust

Heute ist es sehr schwierig, in dem, was Sie planen, erfolgreich zu sein. Sie haben den Mund zu voll genommen und je mehr Sie gegen Ihre schlechten Chancen ankämpfen, desto schlechter wird die Situation werden. Akzeptieren Sie diesen Stand der Dinge mit Würde und versuchen Sie es an einem anderen Tag noch einmal.

Krankheit

Wenn Sie heute krank werden, sollten Sie beträchtliche Anstrengungen unternehmen, um sich zu pflegen. Diese Krankheit kann am dritten und neunten Tag bedrohlich werden. Wenn Sie jedoch entsprechende Vorkehrungen treffen, werden Sie nach dem neunten Tag vollständig genesen.

Omen

• Ein Zucken oder eine andere Reizung am linken Auge kündigt Streitigkeiten an.

• Wenn Sie ein Zucken oder eine andere Reizung am rechten Auge verspüren, werden Sie etwas Wertvolles wiederfinden, das Sie verloren haben.

• Wenn Ihr linker Nasenflügel verstopft ist, werden Sie Glück haben.

• Wenn Ihr rechter Nasenflügel verstopft ist, können Sie mit dem Besuch einer Person rechnen, die etwas von Ihnen erbittet.

• Plötzliches Niesen, Husten oder Schluckauf weist darauf hin, dass Sie bald etwas Neues erwerben werden.

• Wenn Sie ohne offensichtlichen Grund Hunger haben, ist dies ein allgemein glückbringendes Zeichen.

• Wenn Sie ein taubes Gefühl oder ein Kribbeln in einem Arm oder Bein verspüren, werden Sie die Nachricht von einem Todesfall erhalten.

• Wenn Sie unerwartete Geräusche von Fahrzeugen oder vorbeigehenden Fußgängern hören, müssen Sie damit rechnen, dass in Ihrem Haus etwas verloren geht oder gestohlen wird.

• Wenn ein Hund bellt, können Sie mit häuslichem Glück rechnen.

• An den Tag, an dem Sie aus Versehen Ihre Kleidung versengen oder verbrennen, werden Sie eine Mahlzeit auslassen.

• Wenn Sie bemerken, dass Ihre Kleidung von Motten beschädigt wurde, sollten Sie sich vor Einbrechern schützen.

• Wenn Sie die Schreie von Krähen oder Raben hören, können Sie mit materiellen Gewinnen rechnen.

• Wenn Sie Ihre Kleidung mit Öl oder Fett beschmutzen, werden Sie wahrscheinlich zum Essen eingeladen.

• Wenn die Erde bebt, wird unter Menschen in Machtpositionen Zwietracht entstehen.

SOFORTIGER RAT VOM RAD DES LEBENS

Die Zeit ist günstig für Sie und bald werden sich große Veränderungen in Ihrem Leben ergeben. Mit der Hilfe von anderen haben Sie in der Vergangenheit große Fortschritte gemacht und viele Hindernisse erfolgreich überwunden. Jetzt sind Sie kurz davor, noch größere Ziele zu erreichen. Sie sollten sich jedoch vor übermäßiger Zuversicht hüten, denn es besteht noch immer die Möglichkeit, dass Sie alles verlieren, worauf Sie geduldig hingearbeitet haben. Es gab in der Vergangenheit Zeiten, in denen Sie aus eigener Anstrengung gut zurecht gekommen sind,

aber diesmal ist es anders. Sie erhöhen Ihre Erfolgschancen in dieser Angelegenheit, wenn Sie sich der Hilfe von Menschen versichern, die mehr Erfahrung haben als Sie. Es sollte Ihnen nicht peinlich sein, solche Menschen bescheiden um Rat zu bitten. Forschen Sie in sich selbst nach, um herauszufinden, ob es etwas gibt, was Sie noch lernen müssen, und führen Sie dann die Veränderungen herbei, die in Ihrem Leben anstehen.

Geburt

GEBURT

◆

Die Geburt markiert einen neuen Abschnitt in unserer Entwicklung. Genau wie ein Baby die Behaglichkeit der Gebärmutter hinter sich lassen muss, um in den allmählichen Wachstumsprozess als Einzelwesen einzutreten, müssen wir die ausgetretenen und bequemen Wege verlassen und uns auf jeder Stufe unserer Entwicklung, in jedem Stadium unseres Lebens neuen Gefahren und neuen Möglichkeiten stellen. Jede Wachstumsstufe bringt eine Transformation mit sich und wir müssen Geduld mit uns selbst haben, während unser frisch verwandeltes Selbst die ersten taumelnden Schritte macht. Wie ein Kind, das von liebevollen Eltern geführt wird, begeben wir uns erfolgreich auf den Pfad des Lebens, in der Obhut und begleitet von der Liebe anderer Menschen.

WENN DIES IHR GEBURTSZEICHEN IST

Menschen, die in diesem Zeichen geboren wurden, neigen zu einer schwachen Konstitution. Sie werden viele Besitztümer und großen Reichtum ansammeln und Dinge tun, die dem ganzen Land Vorteile bringen. Sie werden von Menschen in Machtpositionen geachtet werden. Der fünfte Tag, der neunte Monat und das fünfte Jahr sind kritische Zeiten in der Kindheit dieser Menschen. Wenn sie ihr siebzigstes Lebensjahr erreicht haben, müssen sie sich um ihre Gesundheit kümmern, denn dann beginnt ihr Vorrat an Verdiensten und Vitalität zu schwinden.

ALLGEMEINER AUSBLICK: Ein günstiges Zeichen für alle Angelegenheiten, die der gründlichen Reflektion bedürfen.

WENN DIES IHR ZEICHEN FÜR DEN TAG IST

Dies ist ein guter Tag, um Verbesserungen im und ums Haus vorzunehmen. Menschen in Macht- und Autoritätspositionen werden Sie heute besonders schätzen. Ausgiebiges Baden ist heute allgemein glückbringend, aber jedes Vergnügen, dass Sie daraus ziehen, sich fein zu machen, wird von kurzer Dauer sein.

Reisen

• Wenn Sie nach Osten reisen, werden Sie Ihre Ziele erreichen, aber dabei wird Ihnen angst und bange.
• Wenn Sie nach Süden reisen, wird etwas Glückbringendes geschehen und Sie werden gute Neuigkeiten hören.
• Wenn Sie nach Westen reisen, wird etwas Vorteilhaftes geschehen.
• Wenn Sie nach Norden reisen, werden Sie bekommen, was Sie sich wünschen.

Gewinn und Verlust

Die Chancen, dass Sie heute etwas finden, stehen ähnlich gut wie wenn Sie eine Nadel im Heuhaufen suchen. Es ist jetzt an der Zeit, noch einmal über die in Frage stehende Angelegenheit nachzudenken. Gleich welche Anstrengungen Sie unternehmen, es wird sich alles gegen Sie wenden und es ist sogar möglich, dass Sie verlieren, was Sie bereits haben.

Krankheit

Wenn Sie heute krank werden, sollten Sie beträchtliche Anstrengungen unternehmen, um für sich zu sorgen. Diese Krankheit kann am fünften Tag bedrohlich werden. Wenn Sie jedoch entsprechende Vorkehrungen treffen, wird die Genesung am achten Tag einsetzen, obgleich am neunten Tag die Gefahr besteht, dass Sie einen Rückfall erleiden. Wenn Sie vorsichtig sind, werden Sie danach wieder ganz gesund.

Omen

• Ein Zucken oder eine andere Reizung am linken Auge kündigt Besuch an.
• Verspüren Sie ein Zucken oder eine andere Reizung am rechten Auge, können Sie mit einem Gast rechnen.

• Wenn Ihr linker Nasenflügel verstopft ist, werden Sie etwas erfahren, das Ihnen materiellen Gewinn bringt.

• Wenn Ihr rechter Nasenflügel verstopft ist, werden Sie etwas gewinnen, dass Ihnen große Freude macht.

• Plötzliches Niesen, Husten oder Schluckauf kündigen jemanden an, der etwas von Ihnen erbitten will.

• Wenn Sie ohne offensichtlichen Grund Hunger haben, müssen Sie damit rechnen, dass etwas sehr Beängstigendes geschieht.

• Sie sollten sich vor Dieben und vor Krankheit hüten, wenn Sie ein taubes Gefühl oder ein Kribbeln in einem Arm oder Bein verspüren.

• Wenn Sie unerwartete Geräusche von Fahrzeugen oder vorbeigehenden Fußgängern hören, können Sie mit dem Besuch eines Verwandten rechnen, der von weit her kommt.

• Wenn ein Hund bellt, ist dies glückbringend für Ihren Haushalt.

• Wenn Sie aus Versehen Ihre Kleidung versengen oder verbrennen, können Sie mit Zuwachs für Ihren Haushalt rechnen.

• Wenn Sie bemerken, dass Ihre Kleidung von Motten beschädigt wurde, werden Sie ein paar Kleidungsstücke von hoher Qualität erwerben.

• Wenn Sie die Schreie von Krähen oder Raben hören, könnten Sie in eine Unternehmung verwickelt werden, die sich als unrentabel herausstellt.

• Wenn Sie Ihre Kleidung mit Öl oder Fett beschmutzen, können Sie mit etwas Zufriedenstellendem rechnen, wenn Sie diese Kleider das nächste Mal tragen.

• Wenn die Erde bebt, müssen Sie mit der Ankunft vieler feindlich gesinnter Menschen rechnen.

SOFORTIGER RAT VOM RAD DES LEBENS

Sie befinden sich in einem sehr glückbringenden Stadium Ihres Lebens. Alle Projekte, um die Sie sich langfristig gekümmert haben, tragen jetzt Früchte. Denken Sie darüber nach, welche Auswirkungen Ihr Erfolg für Sie und andere Menschen hat. Obwohl Sie zu Recht stolz auf Ihre Errungenschaften sind, dürfen Sie nicht vergessen, dass es immer noch Verbesserungsmöglichkeiten gibt. Der Prozess der persönlichen Veränderung geht oft sehr langsam vonstatten. Achten Sie also darauf, dass Sie das Neue sorgfältig in Ihr Leben inte-

grieren. Es ist wahrscheinlich, dass sich Ihre Prioritäten und Interessen radikal ändern, sobald Sie Ihr Ziel erreicht haben. Obwohl Sie ganz bestimmt keinen Grund haben, Ihre neuen Umstände zu bedauern, kann es sein, dass andere nicht verstehen, was Sie tun, und sich Ihnen entgegenstellen, wenn Sie sich nicht die Zeit nehmen, die Angelegenheiten gründlich mit ihnen zu besprechen. Denken Sie darüber nach, wie Sie andere an den neuen Aspekten Ihres Lebens teilhaben lassen können.

Der Leichnam

ALTER UND TOD

◆

Der Leichnam führt uns nüchtern vor Augen, dass Leben ständige Veränderung bedeutet. Nichts ist starr und unveränderlich. Unsere Leben setzen sich aus Wachstumszyklen zusammen.

Wenn ein Zyklus sich seinem Ende zuneigt, geht er unweigerlich zugrunde und zerfällt, bevor ein neuer Zyklus beginnen kann. Dann kehren wir zum Anfang mit all seiner Ungewissheit zurück und der Lernprozess beginnt von neuem.

Dies ist ein natürliches Phänomen.

Wir mögen Angst davor haben, aber neues Wachstum ist nun mal nicht möglich, ohne dass die alte Form stirbt und sich auflöst.

WENN DIES IHR GEBURTSZEICHEN IST

Menschen, die in diesem Zeichen geboren wurden, können sich gut konzentrieren und haben einen Blick für Details. In ihrer Kindheit neigen sie zur Kränklichkeit, aber das verliert sich wenn sie älter werden. Sie kommen gut mit ihren Freunden und Familienmitgliedern aus, haben aber auch viele Feinde. Der zweite Tag, der zweite Monat und das neunte Jahr sind kritische Zeiten in der Kindheit dieser Menschen. Wenn sie ihr vierundsiebzigstes Lebensjahr erreicht haben, müssen sie sich um ihre Gesundheit kümmern, denn dann beginnt ihr Vorrat an Verdiensten und Vitalität zu schwinden.

ALLGEMEINER AUSBLICK: Der Leichnam ist ein günstiges Zeichen, um Pläne und Absichten zu enthüllen.

WENN DIES IHR ZEICHEN FÜR DEN TAG IST

Dies ist ein guter Tag, um alles zu erledigen, was Ihnen sehr wichtig ist. Wenn Sie großzügig sind, werden Sie unerwartete Vorteile haben. Versuchen Sie, alle Meinungsverschiedenheiten beizulegen, die Sie mit anderen gehabt haben. Sie werden mit Speisen und Getränken bewirtet werden. Seien Sie vorsichtig, wenn Sie baden, da Sie krank werden könnten. Das Vergnügen, das Sie daraus ziehen, sich fein zu machen, wird von kurzer Dauer sein.

Reisen

• Wenn Sie nach Osten reisen, werden Sie sehr bald zurückkehren.

• Wenn Sie nach Süden reisen, werden Sie erfreuliche Nachrichten hören.

• Wenn Sie nach Westen reisen, werden Sie etwas Beängstigendes erleben.

• Wenn Sie nach Norden reisen, haben Sie Glück.

Gewinn und Verlust

Es wird Ihnen heute sehr schwer fallen, Fortschritte zu machen. Es gibt Menschen in Ihrer Umgebung, die aktiv versuchen, Ihre Chancen auf Erfolg zu mindern. Wenn Sie darauf beharren, heute etwas erreichen zu wollen, werden Sie großes Unglück erleben. Wenn Sie sich jedoch selbst treu bleiben, werden Sie Gelegenheit bekommen, an einem anderen Tag erfolgreich zu sein und gleichzeitig Ihre Integrität zu bewahren.

Krankheit

Wenn Sie heute krank werden, sollten Sie beträchtliche Anstrengungen unternehmen, um sich zu pflegen. Diese Krankheit kann am dritten und siebten Tag bedrohlich werden. Wenn Sie jedoch entsprechende Vorkehrungen treffen, werden Sie nach und nach genesen.

Omen

• Ein Zucken oder eine andere Reizung am linken Auge kündigt etwas Neues an.

• Wenn Sie ein Zucken oder eine andere Reizung am rechten Auge verspüren, kann es sein, dass Sie etwas Unangenehmes erleben.

• Wenn Ihr linker Nasenflügel verstopft ist, müssen Sie mit einem Verlust rechnen.

• Wenn Ihr rechter Nasenflügel verstopft ist, erfreuen Sie sich guter Gesundheit.

• Plötzliches Niesen, Husten oder Schluckauf deuten darauf hin, dass Ihre Situation allgemein günstig ist.

• Wenn Sie ohne Grund Hunger haben, sollten Sie an ältere Mitglieder Ihrer Familie denken.

• Ein taubes Gefühl oder ein Kribbeln in einem Ihrer Gliedmaßen verspricht Glück oder Unglück.

• Wenn Sie unerwartete Geräusche von Fahrzeugen oder Fußgängern hören, können Sie bald mit Unstimmigkeiten rechnen.

• Wenn ein Hund bellt, wird Ihnen jemand helfen, ein paar kleine Angelegenheiten zum Abschluss zu bringen.

• Wenn Sie aus Versehen Ihre Kleidung versengen oder verbrennen, wird jemand im Kampf sterben.

• Wenn Ihre Kleidung von Motten beschädigt wurde, müssen Sie einen kleinen Verlust hinnehmen.

• Wenn Sie die Schreie von Krähen oder Raben hören, müssen Sie mit Unstimmigkeiten rechnen.

• Wenn Sie Ihre Kleidung mit Öl beschmutzen, können Streitigkeiten auftreten, aber Sie werden einige materielle Gewinne erzielen.

• Wenn die Erde bebt, müssen Sie damit rechen, dass Sie bei Menschen in Autoritätspositionen in Ungnade fallen oder dass Sie von feindlich gesinnten Menschen besiegt werden.

SOFORTIGER RAT VOM RAD DES LEBENS

Dies ist eine gute Zeit für Veränderungen. Vieles in Ihrem Leben ist alt und schal geworden und muss abgelegt werden. Sie werden Missgeschick und Unglück über sich bringen, wenn Sie Ihre alten Gewohnheiten nicht ablegen. Wenn Sie Angst vor den dramatischen Veränderungen haben, die Ihnen bevorstehen, sollten Sie sich daran erinnern, dass das Leben ein fließender Strom des Wandels ist. Wenn Sie versuchen, ihn zu stauen, geraten Sie unvermeidlich in die Stagnation und verlieren an Vitalität. Einige Menschen, die von Ihnen abhängig geworden sind, sind vielleicht nicht in der Lage, sich mit den großen Veränderungen abzufinden, die Sie jetzt durchleben müssen. Es gibt keinen Grund, sich ihnen gegenüber schuldig zu fühlen. Behandeln Sie diese Menschen mit Liebe und Takt und geben Sie ihnen die Gelegenheit zu wachsen und neue Erfahrungen zu machen. Es ist gut, wenn Sie sich jetzt um Ihre spirituelle Entwicklung kümmern, denn das wird Ihnen die Kraft geben, sich jedem unerwarteten Missgeschick zu stellen.

TEIL ZWEI

Erstellen eines Almanachs

Wenn wir die zwölf Phasen im Rad des Lebens und die dazugehörigen Symbole verstanden haben, können wir sie zur Basis für unsere persönliche Entwicklung machen, aber oft verschwören sich die Ereignisse und hindern uns daran, so viel Zeit mit Meditation und anderen spirituellen Praktiken zu verbringen, wie wir vielleicht möchten. Manchmal sind wir zu sehr in die Situation verwickelt, in der wir uns gerade befinden, was dazu führt, dass wir unkluge Entscheidungen treffen und uns ungeschickt verhalten. Was wir dann brauchen, ist ein Rat zur Bewältigung unseres Alltags, und der muss rechtzeitig kommen.

Wenn Sie eine Münze in das Rad des Lebens werfen, bekommen Sie eine schnelle und unmittelbare Antwort auf eine brennende Frage. Darüber hinaus ist eine langfristige Planung jedoch sehr nützlich, denn das Glück kommt und geht. Genau in diesem Punkt liegt die Stärke dieses Buches. Mit Hilfe der folgenden Tabellen können Sie sich einen persönlichen Almanach zusammenstellen, der Ihnen dabei hilft, unerwartete Ereignisse vorherzusagen und unterschiedliche Vorzeichen zu deuten, die von Tag zu Tag auftauchen.

Folgen Sie einfach den Anleitungen auf den nächsten beiden Seiten und verwenden Sie die Tabellen, um zunächst Ihr Geburtssymbol zu ermitteln und dann das Zeichen, das Ihr aktuelles Lebensjahr beherrscht. Als nächstes können Sie in der entsprechenden Jahrestabelle nachsehen, um festzustellen, welches Zeichen an jedem Tag des laufenden Jahres eine besondere Bedeutung für Sie ganz persönlich hat. Lesen Sie dann in Teil eins dieses Buchs nach, welche Ratschläge und Hinweise Ihnen für diesen Tag angeboten werden.

So erstellen Sie
Ihren persönlichen Almanach

1 GEBURTSZEICHENTABELLE
Die Tabelle auf Seite 78 gibt den normalen Zyklus der Zeichen für die äußere Welt wieder. Das Zeichen, das zu Ihrem Geburtsdatum gehört, ist der Punkt, an dem Sie in die äußere Welt eintreten. Es ist Ihr Geburtszeichen und bildet die Basis für Ihren eigenen Almanach. Wenn Ihr Geburtstag, wie in diesem Beispiel, der 15. Februar ist, zeigt die Tabelle, dass Ihr Geburtszeichen das Paar (F) ist. Sie können nun im Kapitel über das Paar (Seite 47) den Abschnitt zum Geburtszeichen lesen, um einen Überblick über Ihren Charakter und Ihr Schicksal zu bekommen.

ZEICHENERKLÄRUNG

A • Der Blinde

B • Der Töpfer

C • Der spielende Affe

D • Zwei in einem Boot

E • Sechs leere Häuser

F • Das Paar

G • Der Pfeil

H • Trinken

I • Früchte pflücken

J • Die Schwangere

K • Geburt

L • Der Leichnam

Geburtszeichentabelle

	Jan.	Feb.	März	April	Mai	Juni	Juli	Aug.	Se...
01	A	B	C	D	E	F	G	H	
02	B	C	D	E	F	G	H	I	
03	C	D	E	F	G	H	I	J	
04	D	E	F	G	H	I	J	K	
05	E	F	G	H	I	J	K	L	
06	F	G	H	I	J	K	L	A	
07	G	H	I	J	K	L	A	B	
08	H	I	J	K	L	A	B	C	
09	I	J	K	L	A	B	C	D	
10	J	K	L	A	B	C	D	E	
11	K	L	A	B	C	D	E	F	
12	L	A	B	C	D	E	F	G	
13	C	D	E	F	G	H	I	J	
14	D	E	F	G	H	I	J	K	
15	E	F	G	H	I	J	K	L	
16	A	B	C	D	E	F	G	H	
17	B	C	D	E	F	G	H	I	

Jahreszyklustabelle

Geburtszeichen	Lebensjahr (Alter + 1)
A · B · C · D · E · F · G · H · I · J · K · L	0 · 12 · 24 · 36 · 48 ·
B · C · D · E · F · G · H · I · J · K · L · A	1 · 13 · 25 · 37 · 49 ·
C · D · E · F · G · H · I · J · K · L · A · B	2 · 14 · 26 · 38 · 50 ·
D · E · F · G · H · I · J · K · L · A · B · C	3 · 15 · 27 · 39 · 51 ·
E · F · G · H · I · J · K · L · A · B · C · D	4 · 16 · 28 · 40 · 52 ·
F · G · H · I · J · K · L · A · B · C · D · E	5 · 17 · 29 · 41 · 53 ·
G · H · I · J · K · L · A · B	

Jahrestabelle Die Schwangere

Jan.	Feb.	März	April	Mai	Juni
01 J	01 K	01 L	01 A	01 B	01 C
02 K	02 L	02 A	02 B	02 C	02 D
03 L	03 A	03 B	03 C	03 D	03 E
04 A	04 B	04 C	04 D	04 E	04 F
05 B	05 C	05 D	05 E	05 F	05 G
06 C	06 D	06 E	06 F	06 G	06 H

2 DIE JAHRESZYKLUSTABELLE

Jetzt können Sie der Tabelle auf Seite 79 die Folge von Zeichen entnehmen, die Ihr aktuelles Lebensjahr beherrschen, einschließlich der dazugehörigen Deutungen. Ihr aktuelles Lebensjahr errechnet sich aus Ihrem Alter plus eins. Wenn Sie, wie in diesem Beispiel, siebenundzwanzig Jahre alt sind, befinden Sie sich in Ihrem achtundzwanzigsten Lebensjahr. Ihr Geburtszeichen ist das Paar (F), also gehen Sie in der obersten Zeichenreihe der Tabelle bis zu Ihrem Geburtszeichen (F). Es ist das sechste Zeichen. Jetzt suchen Sie die 28 in der Tabelle mit den Lebensjahren. Sie befindet sich in der fünften Reihe. Zählen Sie in dieser Reihe das sechste Zeichen ab: Die Schwangere (J) ist das Zeichen, das über Ihr aktuelles Lebensjahr herrscht.

3 DIE ZWÖLF JAHRESTABELLEN

Die zwölf Jahrestabellen finden Sie auf den Seiten 80 bis 91. Für diese Beispielberechnung schlagen Sie die Tabelle der Schwangeren auf Seite 89 auf. Dieser Tabelle können Sie entnehmen, welches Zeichen jeden Tag Ihres aktuellen Lebensjahres beherrscht. Zum Beispiel steht der 1. April für Sie im Zeichen des Blinden (A). Auf Seite 27 ff. finden Sie alles, was Ihnen der Almanach an Vorhersagen und Ratschlägen und Omen für diesen Tag zu bieten hat.

07 D	07 E	07 F
08 E	08 F	08 G
09 F	09 G	09 H
10 G	10 H	10 I
11 H	11 I	11 J
12 I	12 J	12 K
13 L	13 A	13 B
14 A	14 B	14 C
15 B	15 C	15 D
16 J	16 K	16 L
17 K	17 L	17 A

Geburtszeichentabelle

Jan.	Feb.	März	Apr.	Mai	Juni	Juli	Aug.	Sept.	Okt.	Nov.	Dez.
01 A	01 B	01 C	01 D	01 E	01 F	01 G	01 H	01 I	01 J	01 K	01 L
02 B	02 C	02 D	02 E	02 F	02 G	02 H	02 I	02 J	02 K	02 L	02 A
03 C	03 D	03 E	03 F	03 G	03 H	03 I	03 J	03 K	03 L	03 A	03 B
04 D	04 E	04 F	04 G	04 H	04 I	04 J	04 K	04 L	04 A	04 B	04 C
05 E	05 F	05 G	05 H	05 I	05 J	05 K	05 L	05 A	05 B	05 C	05 D
06 F	06 G	06 H	06 I	06 J	06 K	06 L	06 A	06 B	06 C	06 D	06 E
07 G	07 H	07 I	07 J	07 K	07 L	07 A	07 B	07 C	07 D	07 E	07 F
08 H	08 I	08 J	08 K	08 L	08 A	08 B	08 C	08 D	08 E	08 F	08 G
09 I	09 J	09 K	09 L	09 A	09 B	09 C	09 D	09 E	09 F	09 G	09 H
10 J	10 K	10 L	10 A	10 B	10 C	10 D	10 E	10 F	10 G	10 H	10 I
11 K	11 L	11 A	11 B	11 C	11 D	11 E	11 F	11 G	11 H	11 I	11 J
12 L	12 A	12 B	12 C	12 D	12 E	12 F	12 G	12 H	12 I	12 J	12 K
13 C	13 D	13 E	13 F	13 G	13 H	13 I	13 J	13 K	13 L	13 A	13 B
14 D	14 E	14 F	14 G	14 H	14 I	14 J	14 K	14 L	14 A	14 B	14 C
15 E	15 F	15 G	15 H	15 I	15 J	15 K	15 L	15 A	15 B	15 C	15 D
16 A	16 B	16 C	16 D	16 E	16 F	16 G	16 H	16 I	16 J	16 K	16 L
17 B	17 C	17 D	17 E	17 F	17 G	17 H	17 I	17 J	17 K	17 L	17 A
18 C	18 D	18 E	18 F	18 G	18 H	18 I	18 J	18 K	18 L	18 A	18 B
19 D	19 E	19 F	19 G	19 H	19 I	19 J	19 K	19 L	19 A	19 B	19 C
20 E	20 F	20 G	20 H	20 I	20 J	20 K	20 L	20 A	20 B	20 C	20 D
21 F	21 G	21 H	21 I	21 J	21 K	21 L	21 A	21 B	21 C	21 D	21 E
22 G	22 H	22 I	22 J	22 K	22 L	22 A	22 B	22 C	22 D	22 E	22 F
23 H	23 I	23 J	23 K	23 L	23 A	23 B	23 C	23 D	23 E	23 F	23 G
24 I	24 J	24 K	24 L	24 A	24 B	24 C	24 D	24 E	24 F	24 G	24 H
25 J	25 K	25 L	25 A	25 B	25 C	25 D	25 E	25 F	25 G	25 H	25 I
26 K	26 L	26 A	26 B	26 C	26 D	26 E	26 F	26 G	26 H	26 I	26 J
27 L	27 A	27 B	27 C	27 D	27 E	27 F	27 G	27 H	27 I	27 J	27 K
28 C	28 D	28 E	28 F	28 G	28 H	28 I	28 J	28 K	28 L	28 A	28 B
29 D	29 E	29 F	29 G	29 H	29 I	29 J	29 K	29 L	29 A	29 B	29 C
30 E		30 G	30 H	30 I	30 J	30 K	30 L	30 A	30 B	30 C	30 D
31 F		31 H		31 J		31 L	31 A		31 C		31 E

Jahreszyklustabelle

Geburtszeichen	Lebensjahr (Lebensalter + 1)
A • B • C • D • E • F • G • H • I • J • K • L	00 • 12 • 24 • 36 • 48 • 60 • 72 • 84 • 96
B • C • D • E • F • G • H • I • J • K • L • A	01 • 13 • 25 • 37 • 49 • 61 • 73 • 85 • 97
C • D • E • F • G • H • I • J • K • L • A • B	02 • 14 • 26 • 38 • 50 • 62 • 74 • 86 • 98
D • E • F • G • H • I • J • K • L • A • B • C	03 • 15 • 27 • 39 • 51 • 63 • 75 • 87 • 99
E • F • G • H • I • J • K • L • A • B • C • D	04 • 16 • 28 • 40 • 52 • 64 • 76 • 88 • 100
F • G • H • I • J • K • L • A • B • C • D • E	05 • 17 • 29 • 41 • 53 • 65 • 77 • 89 • 101
G • H • I • J • K • L • A • B • C • D • E • F	06 • 18 • 30 • 42 • 54 • 66 • 78 • 90 • 102
H • I • J • K • L • A • B • C • D • E • F • G	07 • 19 • 31 • 43 • 55 • 67 • 79 • 91 • 103
I • J • K • L • A • B • C • D • E • F • G • H	08 • 20 • 32 • 44 • 56 • 68 • 80 • 92 • 104
J • K • L • A • B • C • D • E • F • G • H • I	09 • 21 • 33 • 45 • 57 • 69 • 81 • 93 • 105
K • L • A • B • C • D • E • F • G • H • I • J	10 • 22 • 34 • 46 • 58 • 70 • 82 • 94 • 106
L • A • B • C • D • E • F • G • H • I • J • K	11 • 23 • 35 • 47 • 59 • 71 • 83 • 95 • 107

Jahrestabelle *Der Blinde*

Jan.	Feb.	März	Apr.	Mai	Juni	Juli	Aug.	Sept.	Okt.	Nov.	Dez.
01 A	01 B	01 C	01 D	01 E	01 F	01 G	01 H	01 I	01 J	01 K	01 L
02 B	02 C	02 D	02 E	02 F	02 G	02 H	02 I	02 J	02 K	02 L	02 A
03 C	03 D	03 E	03 F	03 G	03 H	03 I	03 J	03 K	03 L	03 A	03 B
04 D	04 E	04 F	04 G	04 H	04 I	04 J	04 K	04 L	04 A	04 B	04 C
05 E	05 F	05 G	05 H	05 I	05 J	05 K	05 L	05 A	05 B	05 C	05 D
06 F	06 G	06 H	06 I	06 J	06 K	06 L	06 A	06 B	06 C	06 D	06 E
07 G	07 H	07 I	07 J	07 K	07 L	07 A	07 B	07 C	07 D	07 E	07 F
08 H	08 I	08 J	08 K	08 L	08 A	08 B	08 C	08 D	08 E	08 F	08 G
09 I	09 J	09 K	09 L	09 A	09 B	09 C	09 D	09 E	09 F	09 G	09 H
10 J	10 K	10 L	10 A	10 B	10 C	10 D	10 E	10 F	10 G	10 H	10 I
11 K	11 L	11 A	11 B	11 C	11 D	11 E	11 F	11 G	11 H	11 I	11 J
12 L	12 A	12 B	12 C	12 D	12 E	12 F	12 G	12 H	12 I	12 J	12 K
13 C	13 D	13 E	13 F	13 G	13 H	13 I	13 J	13 K	13 L	13 A	13 B
14 D	14 E	14 F	14 G	14 H	14 I	14 J	14 K	14 L	14 A	14 B	14 C
15 E	15 F	15 G	15 H	15 I	15 J	15 K	15 L	15 A	15 B	15 C	15 D
16 A	16 B	16 C	16 D	16 E	16 F	16 G	16 H	16 I	16 J	16 K	16 L
17 B	17 C	17 D	17 E	17 F	17 G	17 H	17 I	17 J	17 K	17 L	17 A
18 C	18 D	18 E	18 F	18 G	18 H	18 I	18 J	18 K	18 L	18 A	18 B
19 D	19 E	19 F	19 G	19 H	19 I	19 J	19 K	19 L	19 A	19 B	19 C
20 E	20 F	20 G	20 H	20 I	20 J	20 K	20 L	20 A	20 B	20 C	20 D
21 F	21 G	21 H	21 I	21 J	21 K	21 L	21 A	21 B	21 C	21 D	21 E
22 G	22 H	22 I	22 J	22 K	22 L	22 A	22 B	22 C	22 D	22 E	22 F
23 H	23 I	23 J	23 K	23 L	23 A	23 B	23 C	23 D	23 E	23 F	23 G
24 I	24 J	24 K	24 L	24 A	24 B	24 C	24 D	24 E	24 F	24 G	24 H
25 J	25 K	25 L	25 A	25 B	25 C	25 D	25 E	25 F	25 G	25 H	25 I
26 K	26 L	26 A	26 B	26 C	26 D	26 E	26 F	26 G	26 H	26 I	26 J
27 L	27 A	27 B	27 C	27 E	27 E	27 F	27 G	27 H	27 I	27 J	27 K
28 C	28 D	28 E	28 F	28 G	28 H	28 I	28 J	28 K	28 L	28 A	28 B
29 D	29 E	29 F	29 G	29 H	29 I	29 J	29 K	29 L	29 A	29 B	29 C
30 E		30 G	30 H	30 I	30 J	30 K	30 L	30 A	30 B	30 C	30 D
31 F		31 H		31 J		31 L	31 A		31 C		31 E

JAHRESTABELLE *Der Töpfer*

Jan.	Feb.	März	Apr.	Mai	Juni	Juli	Aug.	Sept.	Okt.	Nov.	Dez.
01 B	01 C	01 D	01 E	01 F	01 G	01 H	01 I	01 J	01 K	01 L	01 A
02 C	02 D	02 E	02 F	02 G	02 H	02 I	02 J	02 K	02 L	02 A	02 B
03 D	03 E	03 F	03 G	03 H	03 I	03 J	03 K	03 L	03 A	03 B	03 C
04 E	04 F	04 G	04 H	04 I	04 J	04 K	04 L	04 A	04 B	04 C	04 D
05 F	05 G	05 H	05 I	05 J	05 K	05 L	05 A	05 B	05 C	05 D	05 E
06 G	06 H	06 I	06 J	06 K	06 L	06 A	06 B	06 C	06 D	06 E	06 F
07 H	07 I	07 J	07 K	07 L	07 A	07 B	07 C	07 D	07 E	07 F	07 G
08 I	08 J	08 K	08 L	08 A	08 B	08 C	08 D	08 E	08 F	08 G	08 H
09 J	09 K	09 L	09 A	09 B	09 C	09 D	09 E	09 F	09 G	09 H	09 I
10 K	10 L	10 A	10 B	10 C	10 D	10 E	10 F	10 G	10 H	10 I	10 J
11 L	11 A	11 B	11 C	11 D	11 E	11 F	11 G	11 H	11 I	11 J	11 K
12 A	12 B	12 C	12 D	12 E	12 F	12 G	12 H	12 I	12 J	12 K	12 L
13 D	13 E	13 F	13 G	13 H	13 I	13 J	13 K	13 L	13 A	13 B	13 C
14 E	14 F	14 G	14 H	14 I	14 J	14 K	14 L	14 A	14 B	14 C	14 D
15 F	15 G	15 H	15 I	15 J	15 K	15 L	15 A	15 B	15 C	15 D	15 E
16 B	16 C	16 D	16 E	16 F	16 G	16 H	16 I	16 J	16 K	16 L	16 A
17 C	17 D	17 E	17 F	17 G	17 H	17 I	17 J	17 K	17 L	17 A	17 B
18 D	18 E	18 F	18 G	18 H	18 I	18 J	18 K	18 L	18 A	18 B	18 C
19 E	19 F	19 G	19 H	19 I	19 J	19 K	19 L	19 A	19 B	19 C	19 D
20 F	20 G	20 H	20 I	20 J	20 K	20 L	20 A	20 B	20 C	20 D	20 E
21 G	21 H	21 I	21 J	21 K	21 L	21 A	21 B	21 C	21 D	21 E	21 F
22 H	22 I	22 J	22 K	22 L	22 A	22 B	22 C	22 D	22 E	22 F	22 G
23 I	23 J	23 K	23 L	23 A	23 B	23 C	23 D	23 E	23 F	23 G	23 H
24 J	24 K	24 L	24 A	24 B	24 C	24 D	24 E	24 F	24 G	24 H	24 I
25 K	25 L	25 A	25 B	25 C	25 D	25 E	25 F	25 G	25 H	25 I	25 J
26 L	26 A	26 B	26 C	26 D	26 E	26 F	26 G	26 H	26 I	26 J	26 K
27 A	27 B	27 C	27 D	27 E	27 F	27 G	27 H	27 I	27 J	27 K	27 L
28 D	28 E	28 F	28 G	28 H	28 I	28 J	28 K	28 L	28 A	28 B	28 C
29 E	29 F	29 G	29 H	29 I	29 J	29 K	29 L	29 A	29 B	29 C	29 D
30 F		30 H	30 I	30 J	30 K	30 L	30 A	30 B	30 C	30 D	30 E
31 G		31 I		31 K		31 A	31 B		31 D		31 F

JAHRESTABELLE *Der spielende Affe*

Jan.	Feb.	März	Apr.	Mai	Juni	Juli	Aug.	Sept.	Okt.	Nov.	Dez.
01 C	01 D	01 E	01 F	01 G	01 H	01 I	01 J	01 K	01 L	01 A	01 B
02 D	02 E	02 F	02 G	02 H	02 I	02 J	02 K	02 L	02 A	02 B	02 C
03 E	03 F	03 G	03 H	03 I	03 J	03 K	03 L	03 A	03 B	03 C	03 D
04 F	04 G	04 H	04 I	04 J	04 K	04 L	04 A	04 B	04 C	04 D	04 E
05 G	05 H	05 I	05 J	05 K	05 L	05 A	05 B	05 C	05 D	05 E	05 F
06 H	06 I	06 J	06 K	06 L	06 A	06 B	06 C	06 D	06 E	06 F	06 G
07 I	07 J	07 K	07 L	07 A	07 B	07 C	07 D	07 E	07 F	07 G	07 H
08 J	08 K	08 L	08 A	08 B	08 C	08 D	08 E	08 F	08 G	08 H	08 I
09 K	09 L	09 A	09 B	09 C	09 D	09 E	09 F	09 G	09 H	09 I	09 J
10 L	10 A	10 B	10 C	10 D	10 E	10 F	10 G	10 H	10 I	10 J	10 K
11 A	11 B	11 C	11 D	11 E	11 F	11 G	11 H	11 I	11 J	11 K	11 L
12 B	12 C	12 D	12 E	12 F	12 G	12 H	12 I	12 J	12 K	12 L	12 A
13 E	13 F	13 G	13 H	13 I	13 J	13 K	13 L	13 A	13 B	13 C	13 D
14 F	14 G	14 H	14 I	14 J	14 K	14 L	14 A	14 B	14 C	14 D	14 E
15 G	15 H	15 I	15 J	15 K	15 L	15 A	15 B	15 C	15 D	15 E	15 F
16 C	16 D	16 E	16 F	16 G	16 H	16 I	16 J	16 K	16 L	16 A	16 B
17 D	17 E	17 F	17 G	17 H	17 I	17 J	17 K	17 L	17 A	17 B	17 C
18 E	18 F	18 G	18 H	18 I	18 J	18 K	18 L	18 A	18 B	18 C	18 D
19 F	19 G	19 H	19 I	19 J	19 K	19 L	19 A	19 B	19 C	19 D	19 E
20 G	20 H	20 I	20 J	20 K	20 L	20 A	20 B	20 C	20 D	20 E	20 F
21 H	21 I	21 J	21 K	21 L	21 A	21 B	21 C	21 D	21 E	21 F	21 G
22 I	22 J	22 K	22 L	22 A	22 B	22 C	22 D	22 E	22 F	22 G	22 H
23 J	23 K	23 L	23 A	23 B	23 C	23 D	23 E	23 F	23 G	23 H	23 I
24 K	24 L	24 A	24 B	24 C	24 D	24 E	24 F	24 G	24 H	24 I	24 J
25 L	25 A	25 B	25 C	25 D	25 E	25 F	25 G	25 H	25 I	25 J	25 K
26 A	26 B	26 C	26 D	26 E	26 F	26 G	26 H	26 I	26 J	26 K	26 L
27 B	27 C	27 D	27 E	27 F	27 G	27 H	27 I	27 J	27 K	27 L	27 A
28 E	28 F	28 G	28 H	28 I	28 J	28 K	28 L	28 A	28 B	28 C	28 D
29 F	29 G	29 H	29 I	29 J	29 K	29 L	29 A	29 B	29 C	29 D	29 E
30 G		30 I	30 J	30 K	30 L	30 A	30 B	30 C	30 D	30 E	30 F
31 H		31 J		31 L		31 B	31 C		31 E		31 G

JAHRESTABELLE *Zwei in einem Boot*

Jan.	Feb.	März	Apr.	Mai	Juni	Juli	Aug.	Sept.	Okt.	Nov.	Dez.
01 D	01 E	01 F	01 G	01 H	01 I	01 J	01 K	01 L	01 A	01 B	01 C
02 E	02 F	02 G	02 H	02 I	02 J	02 K	02 L	02 A	02 B	02 C	02 D
03 F	03 G	03 H	03 I	03 J	03 K	03 L	03 A	03 B	03 C	03 D	03 E
04 G	04 H	04 I	04 J	04 K	04 L	04 A	04 B	04 C	04 D	04 E	04 F
05 H	05 I	05 J	05 K	05 L	05 A	05 B	05 C	05 D	05 E	05 F	05 G
06 I	06 J	06 K	06 L	06 A	06 B	06 C	06 D	06 E	06 F	06 G	06 H
07 J	07 K	07 L	07 A	07 B	07 C	07 D	07 E	07 F	07 G	07 H	07 I
08 K	08 L	08 A	08 B	08 C	08 D	08 E	08 F	08 G	08 H	08 I	08 J
09 L	09 A	09 B	09 C	09 D	09 E	09 F	09 G	09 H	09 I	09 J	09 K
10 A	10 B	10 C	10 D	10 E	10 F	10 G	10 H	10 I	10 J	10 K	10 L
11 B	11 C	11 D	11 E	11 F	11 G	11 H	11 I	11 J	11 K	11 L	11 A
12 C	12 D	12 E	12 F	12 G	12 H	12 I	12 J	12 K	12 L	12 A	12 B
13 F	13 G	13 H	13 I	13 J	13 K	13 L	13 A	13 B	13 C	13 D	13 E
14 G	14 H	14 I	14 J	14 K	14 L	14 A	14 B	14 C	14 D	14 E	14 F
15 H	15 I	15 J	15 K	15 L	15 A	15 B	15 C	15 D	15 E	15 F	15 G
16 D	16 E	16 F	16 G	16 H	16 I	16 J	16 K	16 L	16 A	16 B	16 C
17 E	17 F	17 G	17 H	17 I	17 J	17 K	17 L	17 A	17 B	17 C	17 D
18 F	18 G	18 H	18 I	18 J	18 K	18 L	18 A	18 B	18 C	18 D	18 E
19 G	19 H	19 I	19 J	19 K	19 L	19 A	19 B	19 C	19 D	19 E	19 F
20 H	20 I	20 J	20 K	20 L	20 A	20 B	20 C	20 D	20 E	20 F	20 G
21 I	21 J	21 K	21 L	21 A	21 B	21 C	21 D	21 E	21 F	21 G	21 H
22 J	22 K	22 L	22 A	22 B	22 C	22 D	22 E	22 F	22 G	22 H	22 I
23 K	23 L	23 A	23 B	23 C	23 D	23 E	23 F	23 G	23 H	23 I	23 J
24 L	24 A	24 B	24 C	24 D	24 E	24 F	24 G	24 H	24 I	24 J	24 K
25 A	25 B	25 C	25 D	25 E	25 F	25 G	25 H	25 I	25 J	25 K	25 L
26 B	26 C	26 D	26 E	26 F	26 G	26 H	26 I	26 J	26 K	26 L	26 A
27 C	27 D	27 E	27 F	27 G	27 H	27 I	27 J	27 K	27 L	27 A	27 B
28 F	28 G	28 H	28 I	28 J	28 K	28 L	28 A	28 B	28 C	28 D	28 E
29 G	29 H	29 I	29 J	29 K	29 L	29 A	29 B	29 C	29 D	29 E	29 F
30 H		30 J	30 K	30 L	30 A	30 B	30 C	30 D	30 E	30 F	30 G
31 I		31 K		31 A		31 C	31 D		31 F		31 H

Jan.	Feb.	März	Apr.	Mai	Juni	Juli	Aug.	Sept.	Okt.	Nov.	Dez.
01 E	01 F	01 G	01 H	01 I	01 J	01 K	01 L	01 A	01 B	01 C	01 D
02 F	02 G	02 H	02 I	02 J	02 K	02 L	02 A	02 B	02 C	02 D	02 E
03 G	03 H	03 I	03 J	03 K	03 L	03 A	03 B	03 C	03 D	03 E	03 F
04 H	04 I	04 J	04 K	04 L	04 A	04 B	04 C	04 D	04 E	04 F	04 G
05 I	05 J	05 K	05 L	05 A	05 B	05 C	05 D	05 E	05 F	05 G	05 H
06 J	06 K	06 L	06 A	06 B	06 C	06 D	06 E	06 F	06 G	06 H	06 I
07 K	07 L	07 A	07 B	07 C	07 D	07 E	07 F	07 G	07 H	07 I	07 J
08 L	08 A	08 B	08 C	08 D	08 E	08 F	08 G	08 H	08 I	08 J	08 K
09 A	09 B	09 C	09 D	09 E	09 F	09 G	09 H	09 I	09 J	09 K	09 L
10 B	10 C	10 D	10 E	10 F	10 G	10 H	10 I	10 J	10 K	10 L	10 A
11 C	11 D	11 E	11 F	11 G	11 H	11 I	11 J	11 K	11 L	11 A	11 B
12 D	12 E	12 F	12 G	12 H	12 I	12 J	12 K	12 L	12 A	12 B	12 C
13 G	13 H	13 I	13 J	13 K	13 L	13 A	13 B	13 C	13 D	13 E	13 F
14 H	14 I	14 J	14 K	14 L	14 A	14 B	14 C	14 D	14 E	14 F	14 G
15 I	15 J	15 K	15 L	15 A	15 B	15 C	15 D	15 E	15 F	15 G	15 H
16 E	16 F	16 G	16 H	16 I	16 J	16 K	16 L	16 A	16 B	16 C	16 D
17 F	17 G	17 H	17 I	17 J	17 K	17 L	17 A	17 B	17 C	17 D	17 E
18 G	18 H	18 I	18 J	18 K	18 L	18 A	18 B	18 C	18 D	18 E	18 F
19 H	19 I	19 J	19 K	19 L	19 A	19 B	19 C	19 D	19 E	19 F	19 G
20 I	20 J	20 K	20 L	20 A	20 B	20 C	20 D	20 E	20 F	20 G	20 H
21 J	21 K	21 L	21 A	21 B	21 C	21 D	21 E	21 F	21 G	21 H	21 I
22 K	22 L	22 A	22 B	22 C	22 D	22 E	22 F	22 G	22 H	22 I	22 J
23 L	23 A	23 B	23 C	23 D	23 E	23 F	23 G	23 H	23 I	23 J	23 K
24 A	24 B	24 C	24 D	24 E	24 F	24 G	24 H	24 I	24 J	24 K	24 L
25 B	25 C	25 D	25 E	25 F	25 G	25 H	25 I	25 J	25 K	25 L	25 A
26 C	26 D	26 E	26 F	26 G	26 H	26 I	26 J	26 K	26 L	26 A	26 B
27 D	27 E	27 F	27 G	27 H	27 I	27 J	27 K	27 L	27 A	27 B	27 C
28 G	28 H	28 I	28 J	28 K	28 L	28 A	28 B	28 C	28 D	28 E	28 F
29 H	29 I	29 J	29 K	29 L	29 A	29 B	29 C	29 D	29 E	29 F	29 G
30 I		30 K	30 L	30 A	30 B	30 C	30 D	30 E	30 F	30 G	30 H
31 J		31 L		31 B		31 D	31 E		31 G		31 I

Jahrestabelle *Das Paar*

Jan.	Feb.	März	Apr.	Mai	Juni	Juli	Aug.	Sept.	Okt.	Nov.	Dez.
01 F	01 G	01 H	01 I	01 J	01 K	01 L	01 A	01 B	01 C	01 D	01 E
02 G	02 H	02 I	02 J	02 K	02 L	02 A	02 B	02 C	02 D	02 E	02 F
03 H	03 I	03 J	03 K	03 L	03 A	03 B	03 C	03 D	03 E	03 F	03 G
04 I	04 J	04 K	04 L	04 A	04 B	04 C	04 D	04 E	04 F	04 G	04 H
05 J	05 K	05 L	05 A	05 B	05 C	05 D	05 E	05 F	05 G	05 H	05 I
06 K	06 L	06 A	06 B	06 C	06 D	06 E	06 F	06 G	06 H	06 I	06 J
07 L	07 A	07 B	07 C	07 D	07 E	07 F	07 G	07 H	07 I	07 J	07 K
08 A	08 B	08 C	08 D	08 E	08 F	08 G	08 H	08 I	08 J	08 K	08 L
09 B	09 C	09 D	09 E	09 F	09 G	09 H	09 I	09 J	09 K	09 L	09 A
10 C	10 D	10 E	10 F	10 G	10 H	10 I	10 J	10 K	10 L	10 A	10 B
11 D	11 E	11 F	11 G	11 H	11 I	11 J	11 K	11 L	11 A	11 B	11 C
12 E	12 F	12 G	12 H	12 I	12 J	12 K	12 L	12 A	12 B	12 C	12 D
13 H	13 I	13 J	13 K	13 L	13 A	13 B	13 C	13 D	13 E	13 F	13 G
14 I	14 J	14 K	14 L	14 A	14 B	14 C	14 D	14 E	14 F	14 G	14 H
15 J	15 K	15 L	15 A	15 B	15 C	15 D	15 E	15 F	15 G	15 H	15 I
16 F	16 G	16 H	16 I	16 J	16 K	16 L	16 A	16 B	16 C	16 D	16 E
17 G	17 H	17 I	17 J	17 K	17 L	17 A	17 B	17 C	17 D	17 E	17 F
18 H	18 I	18 J	18 K	18 L	18 A	18 B	18 C	18 D	18 E	18 F	18 G
19 I	19 J	19 K	19 L	19 A	19 B	19 C	19 D	19 E	19 F	19 G	19 H
20 J	20 K	20 L	20 A	20 B	20 C	20 D	20 E	20 F	20 G	20 H	20 I
21 K	21 L	21 A	21 B	21 C	21 D	21 E	21 F	21 G	21 H	21 I	21 J
22 L	22 A	22 B	22 C	22 D	22 E	22 F	22 G	22 H	22 I	22 J	22 K
23 A	23 B	23 C	23 D	23 E	23 F	23 G	23 H	23 I	23 J	23 K	23 L
24 B	24 C	24 D	24 E	24 F	24 G	24 H	24 I	24 J	24 K	24 L	24 A
25 C	25 D	25 E	25 F	25 G	25 H	25 I	25 J	25 K	25 L	25 A	25 B
26 D	26 E	26 F	26 G	26 H	26 I	26 J	26 K	26 L	26 A	26 B	26 C
27 E	27 F	27 G	27 H	27 I	27 J	27 K	27 L	27 A	27 B	27 C	27 D
28 H	28 I	28 J	28 K	28 L	28 A	28 B	28 C	28 D	28 E	28 F	28 G
29 I	29 J	29 K	29 L	29 A	29 B	29 C	29 D	29 E	29 F	29 G	29 H
30 J		30 L	30 A	30 B	30 C	30 D	30 E	30 F	30 G	30 H	30 I
31 K		31 A		31 C		31 E	31 F		31 H		31 J

JAHRESTABELLE *Der Pfeil*

Jan.	Feb.	März	Apr.	Mai	Juni	Juli	Aug.	Sept.	Okt.	Nov.	Dez.
01 G	01 H	01 I	01 J	01 K	01 L	01 A	01 B	01 C	01 D	01 E	01 F
02 H	02 I	02 J	02 K	02 L	02 A	02 B	02 C	02 D	02 E	02 F	02 G
03 I	03 J	03 K	03 L	03 A	03 B	03 C	03 D	03 E	03 F	03 G	03 H
04 J	04 K	04 L	04 A	04 B	04 C	04 D	04 E	04 F	04 G	04 H	04 I
05 K	05 L	05 A	05 B	05 C	05 D	05 E	05 F	05 G	05 H	05 I	05 J
06 L	06 A	06 B	06 C	06 D	06 E	06 F	06 G	06 H	06 I	06 J	06 K
07 A	07 B	07 C	07 D	07 E	07 F	07 G	07 H	07 I	07 J	07 K	07 L
08 B	08 C	08 D	08 E	08 F	08 G	08 H	08 I	08 J	08 K	08 L	08 A
09 C	09 D	09 E	09 F	09 G	09 H	09 I	09 J	09 K	09 L	09 A	09 B
10 D	10 E	10 F	10 G	10 H	10 I	10 J	10 K	10 L	10 A	10 B	10 C
11 E	11 F	11 G	11 H	11 I	11 J	11 K	11 L	11 A	11 B	11 C	11 D
12 F	12 G	12 H	12 I	12 J	12 K	12 L	12 A	12 B	12 C	12 D	12 E
13 I	13 J	13 K	13 L	13 A	13 B	13 C	13 D	13 E	13 F	13 G	13 H
14 J	14 K	14 L	14 A	14 B	14 C	14 D	14 E	14 F	14 G	14 H	14 I
15 K	15 L	15 A	15 B	15 C	15 D	15 E	15 F	15 G	15 H	15 I	15 J
16 G	16 H	16 I	16 J	16 K	16 L	16 A	16 B	16 C	16 D	16 E	16 F
17 H	17 I	17 J	17 K	17 L	17 A	17 B	17 C	17 D	17 E	17 F	17 G
18 I	18 J	18 K	18 L	18 A	18 B	18 C	18 D	18 E	18 F	18 G	18 H
19 J	19 K	19 L	19 A	19 B	19 C	19 D	19 E	19 F	19 G	19 H	19 I
20 K	20 L	20 A	20 B	20 C	20 D	20 E	20 F	20 G	20 H	20 I	20 J
21 L	21 A	21 B	21 C	21 D	21 E	21 F	21 G	21 H	21 I	21 J	21 K
22 A	22 B	22 C	22 D	22 E	22 F	22 G	22 H	22 I	22 J	22 K	22 L
23 B	23 C	23 D	23 E	23 F	23 G	23 H	23 I	23 J	23 K	23 L	23 A
24 C	24 D	24 E	24 F	24 G	24 H	24 I	24 J	24 K	24 L	24 A	24 B
25 D	25 E	25 F	25 G	25 H	25 I	25 J	25 K	25 L	25 A	25 B	25 C
26 E	26 F	26 G	26 H	26 I	26 J	26 K	26 L	26 A	26 B	26 C	26 D
27 F	27 G	27 H	27 I	27 J	27 K	27 L	27 A	27 B	27 C	27 D	27 E
28 I	28 J	28 K	28 L	28 A	28 B	28 C	28 D	28 E	28 F	28 G	28 H
29 J	29 K	29 L	29 A	29 B	29 C	29 D	29 E	29 F	29 G	29 H	29 I
30 K		30 A	30 B	30 C	30 D	30 E	30 F	30 G	30 H	30 I	30 J
31 L		31 B		31 D		31 F	31 G		31 I		31 K

Jahrestabelle *Trinken*

Jan.	Feb.	März	Apr.	Mai	Juni	Juli	Aug.	Sept.	Okt.	Nov.	Dez.
01 H	01 I	01 J	01 K	01 L	01 A	01 B	01 C	01 D	01 E	01 F	01 G
02 I	02 J	02 K	02 L	02 A	02 B	02 C	02 D	02 E	02 F	02 G	02 H
03 J	03 K	03 L	03 A	03 B	03 C	03 D	03 E	03 F	03 G	03 H	03 I
04 K	04 L	04 A	04 B	04 C	04 D	04 E	04 F	04 G	04 H	04 I	04 J
05 L	05 A	05 B	05 C	05 D	05 E	05 F	05 G	05 H	05 I	05 J	05 K
06 A	06 B	06 C	06 D	06 E	06 F	06 G	06 H	06 I	06 J	06 K	06 L
07 B	07 C	07 D	07 E	07 F	07 G	07 H	07 I	07 J	07 K	07 L	07 A
08 C	08 D	08 E	08 F	08 G	08 H	08 I	08 J	08 K	08 L	08 A	08 B
09 D	09 E	09 F	09 G	09 H	09 I	09 J	09 K	09 L	09 A	09 B	09 C
10 E	10 F	10 G	10 H	10 I	10 J	10 K	10 L	10 A	10 B	10 C	10 D
11 F	11 G	11 H	11 I	11 J	11 K	11 L	11 A	11 B	11 C	11 D	11 E
12 G	12 H	12 I	12 J	12 K	12 L	12 A	12 B	12 C	12 D	12 E	12 F
13 J	13 K	13 L	13 A	13 B	13 C	13 D	13 E	13 F	13 G	13 H	13 I
14 K	14 L	14 A	14 B	14 C	14 D	14 E	14 F	14 G	14 H	14 I	14 J
15 L	15 A	15 B	15 C	15 D	15 E	15 F	15 G	15 H	15 I	15 J	15 K
16 H	16 I	16 J	16 K	16 L	16 A	16 B	16 C	16 D	16 E	16 F	16 G
17 I	17 J	17 K	17 L	17 A	17 B	17 C	17 D	17 E	17 F	17 G	17 H
18 J	18 K	18 L	18 A	18 B	18 C	18 D	18 E	18 F	18 G	18 G	18 I
19 K	19 L	19 A	19 B	19 C	19 D	19 E	19 F	19 G	19 H	19 I	19 J
20 L	20 A	20 B	20 C	20 D	20 E	20 F	20 G	20 H	20 I	20 J	20 K
21 A	21 B	21 C	21 D	21 E	21 F	21 G	21 H	21 I	21 J	21 K	21 L
22 B	22 C	22 D	22 E	22 F	22 G	22 H	22 I	22 J	22 K	22 L	22 A
23 C	23 D	23 E	23 F	23 G	23 H	23 I	23 J	23 K	23 L	23 A	23 B
24 D	24 E	24 F	24 G	24 H	24 I	24 J	24 K	24 L	24 A	24 B	24 C
25 E	25 F	25 G	25 H	25 I	25 J	25 K	25 L	25 A	25 B	25 C	25 D
26 F	26 G	26 H	26 I	26 J	26 K	26 L	26 A	26 B	26 C	26 D	26 E
27 G	27 H	27 I	27 J	27 K	27 L	27 A	27 B	27 C	27 D	27 E	27 F
28 J	28 K	28 L	28 A	28 B	28 C	28 D	28 E	28 F	28 G	28 H	28 I
29 K	29 L	29 A	29 B	29 C	29 D	29 E	29 F	29 G	29 H	29 I	29 J
30 L		30 B	30 C	30 D	30 E	30 F	30 G	30 H	30 I	30 J	30 K
31 A		31 C		31 E		31 G	31 H		31 J		31 L

JAHRESTABELLE *Früchte pflücken*

Jan.	Feb.	März	Apr.	Mai	Juni	Juli	Aug.	Sept.	Okt.	Nov.	Dez.
01 I	01 J	01 K	01 L	01 A	01 B	01 C	01 D	01 E	01 F	01 G	01 H
02 J	02 K	02 L	02 A	02 B	02 C	02 D	02 E	02 F	02 G	02 H	02 I
03 K	03 L	03 A	03 B	03 C	03 D	03 E	03 F	03 G	03 H	03 I	03 J
04 L	04 A	04 B	04 C	04 D	04 E	04 F	04 G	04 H	04 I	04 J	04 K
05 A	05 B	05 C	05 D	05 E	05 F	05 G	05 H	05 I	05 J	05 K	05 L
06 B	06 C	06 D	06 E	06 F	06 G	06 H	06 I	06 J	06 K	06 L	06 A
07 C	07 D	07 E	07 F	07 G	07 H	07 I	07 J	07 K	07 L	07 A	07 B
08 D	08 E	08 F	08 G	08 H	08 I	08 J	08 K	08 L	08 A	08 B	08 C
09 E	09 F	09 G	09 H	09 I	09 J	09 K	09 L	09 A	09 B	09 C	09 D
10 F	10 G	10 H	10 I	10 J	10 K	10 L	10 A	10 B	10 C	10 D	10 E
11 G	11 H	11 I	11 J	11 K	11 L	11 A	11 B	11 C	11 D	11 E	11 F
12 H	12 I	12 J	12 K	12 L	12 A	12 B	12 C	12 D	12 E	12 F	12 G
13 K	13 L	13 A	13 B	13 C	13 D	13 E	13 F	13 G	13 H	13 I	13 J
14 L	14 A	14 B	14 C	14 D	14 E	14 F	14 G	14 H	14 I	14 J	14 K
15 A	15 B	15 C	15 D	15 E	15 F	15 G	15 H	15 I	15 J	15 K	15 L
16 I	16 J	16 K	16 L	16 A	16 B	16 C	16 D	16 E	16 F	16 G	16 H
17 J	17 K	17 L	17 A	17 B	17 C	17 D	17 E	17 F	17 G	17 H	17 I
18 K	18 L	18 A	18 B	18 C	18 D	18 E	18 F	18 G	18 H	18 I	18 J
19 L	19 A	19 B	19 C	19 D	19 E	19 F	19 G	19 H	19 I	19 J	19 K
20 A	20 B	20 C	20 D	20 E	20 F	20 G	20 H	20 I	20 J	20 K	20 L
21 B	21 C	21 D	21 E	21 F	21 G	21 H	21 I	21 J	21 K	21 L	21 A
22 C	22 D	22 E	22 F	22 G	22 H	22 I	22 J	22 K	22 L	22 A	22 B
23 D	23 E	23 F	23 G	23 H	23 I	23 J	23 K	23 L	23 A	23 B	23 C
24 E	24 F	24 G	24 H	24 I	24 J	24 K	24 L	24 A	24 B	24 C	24 D
25 F	25 G	25 H	25 I	25 J	25 K	25 L	25 A	25 B	25 C	25 D	25 E
26 G	26 H	26 I	26 J	26 K	26 L	26 A	26 B	26 C	26 D	26 E	26 F
27 H	27 I	27 J	27 K	27 L	27 A	27 B	27 C	27 D	27 E	27 F	27 G
28 K	28 L	28 A	28 B	28 C	28 D	28 E	28 F	28 G	28 H	28 I	28 J
29 L	29 A	29 B	29 C	29 D	29 E	29 F	29 G	29 H	29 I	29 J	29 K
30 A		30 C	30 D	30 E	30 F	30 G	30 H	30 I	30 J	30 K	30 L
31 B		31 D		31 F		31 H	31 I		31 K		31 A

JAHRESTABELLE *Die Schwangere*

Jan.	Feb.	März	Apr.	Mai	Juni	Juli	Aug.	Sept.	Okt.	Nov.	Dez.
01 J	01 K	01 L	01 A	01 B	01 C	01 D	01 E	01 F	01 G	01 H	01 I
02 K	02 L	02 A	02 B	02 C	02 D	02 E	02 F	02 G	02 H	02 I	02 J
03 L	03 A	03 B	03 C	03 D	03 E	03 F	03 G	03 H	03 I	03 J	03 K
04 A	04 B	04 C	04 D	04 E	04 F	04 G	04 H	04 I	04 J	04 K	04 L
05 B	05 C	05 D	05 E	05 F	05 G	05 H	05 I	05 J	05 K	05 L	05 A
06 C	06 D	06 E	06 F	06 G	06 H	06 I	06 J	06 K	06 L	06 A	06 B
07 D	07 E	07 F	07 G	07 H	07 I	07 J	07 K	07 L	07 A	07 B	07 C
08 E	08 F	08 G	08 H	08 I	08 J	08 K	08 L	08 A	08 B	08 C	08 D
09 F	09 G	09 H	09 I	09 J	09 K	09 L	09 A	09 B	09 C	09 D	09 E
10 G	10 H	10 I	10 J	10 K	10 L	10 A	10 B	10 C	10 D	10 E	10 F
11 H	11 I	11 J	11 K	11 L	11 A	11 B	11 C	11 D	11 E	11 F	11 G
12 I	12 J	12 K	12 L	12 A	12 B	12 C	12 D	12 E	12 F	12 G	12 H
13 L	13 A	13 B	13 C	13 D	13 E	13 F	13 G	13 H	13 I	13 J	13 K
14 A	14 B	14 C	14 D	14 E	14 F	14 G	14 H	14 I	14 J	14 K	14 L
15 B	15 C	15 D	15 E	15 F	15 G	15 H	15 I	15 J	15 K	15 L	15 A
16 J	16 K	16 L	16 A	16 B	16 C	16 D	16 E	16 F	16 G	16 H	16 I
17 K	17 L	17 A	17 B	17 C	17 D	17 E	17 F	17 G	17 H	17 I	17 J
18 L	18 A	18 B	18 C	18 D	18 E	18 F	18 G	18 H	18 I	18 J	18 K
19 A	19 B	19 C	19 D	19 E	19 F	19 G	19 H	19 I	19 J	19 K	19 L
20 B	20 C	20 D	20 E	20 F	20 G	20 H	20 I	20 J	20 K	20 L	20 A
21 C	21 D	21 E	21 F	21 G	21 H	21 I	21 J	21 K	21 L	21 A	21 B
22 D	22 E	22 F	22 G	22 H	22 I	22 J	22 K	22 L	22 A	22 B	22 C
23 E	23 F	23 G	23 H	23 I	23 J	23 K	23 L	23 A	23 B	23 C	23 D
24 F	24 G	24 H	24 I	24 J	24 K	24 L	24 A	24 B	24 C	24 D	24 E
25 G	25 H	25 I	25 J	25 K	25 L	25 A	25 B	25 C	25 D	25 E	25 F
26 H	26 I	26 J	26 K	26 L	26 A	26 B	26 C	26 D	26 E	26 F	26 G
27 I	27 J	27 K	27 L	27 A	27 B	27 C	27 D	27 E	27 F	27 G	27 H
28 L	28 A	28 B	28 C	28 D	28 E	28 F	28 G	28 H	28 I	28 J	28 K
29 A	29 B	29 C	29 D	29 E	29 F	29 G	29 H	29 I	29 J	29 K	29 L
30 B		30 D	30 E	30 F	30 G	30 H	30 I	30 J	30 K	30 L	30 A
31 C		31 E		31 G		31 I	31 J		31 L		31 B

JAHRESTABELLE *Geburt*

Jan.	Feb.	März	Apr.	Mai	Juni	Juli	Aug.	Sept.	Okt.	Nov.	Dez.
01 K	01 L	01 A	01 B	01 C	01 D	01 E	01 F	01 G	01 H	01 I	01 J
02 L	02 A	02 B	02 C	02 D	02 E	02 F	02 G	02 H	02 I	02 J	02 K
03 A	03 B	03 C	03 D	03 E	03 F	03 G	03 H	03 I	03 J	03 K	03 L
04 B	04 C	04 D	04 E	04 F	04 G	04 H	04 I	04 J	04 K	04 L	04 A
05 C	05 D	05 E	05 F	05 G	05 H	05 I	05 J	05 K	05 L	05 A	05 B
06 D	06 E	06 F	06 G	06 H	06 I	06 J	06 K	06 L	06 A	06 B	06 C
07 E	07 F	07 G	07 H	07 I	07 J	07 K	07 L	07 A	07 B	07 C	07 D
08 F	08 G	08 H	08 I	08 J	08 K	08 L	08 A	08 B	08 C	08 D	08 E
09 G	09 H	09 I	09 J	09 K	09 L	09 A	09 B	09 C	09 D	09 E	09 F
10 H	10 I	10 J	10 K	10 L	10 A	10 B	10 C	10 D	10 E	10 F	10 G
11 I	11 J	11 K	11 L	11 A	11 B	11 C	11 D	11 E	11 F	11 G	11 H
12 J	12 K	12 L	12 A	12 B	12 C	12 D	12 E	12 F	12 G	12 H	12 I
13 A	13 B	13 C	13 D	13 E	13 F	13 G	13 H	13 I	13 J	13 K	13 L
14 B	14 C	14 D	14 E	14 F	14 G	14 H	14 I	14 J	14 K	14 L	14 A
15 C	15 D	15 E	15 F	15 G	15 H	15 I	15 J	15 K	15 L	15 A	15 B
16 K	16 L	16 A	16 B	16 C	16 D	16 E	16 F	16 G	16 H	16 I	16 J
17 L	17 A	17 B	17 C	17 D	17 E	17 F	17 G	17 H	17 I	17 J	17 K
18 A	18 B	18 C	18 D	18 E	18 F	18 G	18 H	18 I	18 J	18 K	18 L
19 B	19 C	19 D	19 E	19 F	19 G	19 H	19 I	19 J	19 K	19 L	19 A
20 C	20 D	20 E	20 F	20 G	20 H	20 I	20 J	20 K	20 L	20 A	20 B
21 D	21 E	21 F	21 G	21 H	21 I	21 J	21 K	21 L	21 A	21 B	21 C
22 E	22 F	22 G	22 H	22 I	22 J	22 K	22 L	22 A	22 B	22 C	22 D
23 F	23 G	23 H	23 I	23 J	23 K	23 L	23 A	23 B	23 C	23 D	23 E
24 G	24 H	24 I	24 J	24 K	24 L	24 A	24 B	24 C	24 D	24 E	24 F
25 H	25 I	25 J	25 K	25 L	25 A	25 B	25 C	25 D	25 E	25 F	25 G
26 I	26 J	26 K	26 L	26 A	26 B	26 C	26 D	26 E	26 F	26 G	26 H
27 J	27 K	27 L	27 A	27 B	27 C	27 D	27 E	27 F	27 G	27 H	27 I
28 A	28 B	28 C	28 D	28 E	28 F	28 G	28 H	28 I	28 J	28 K	28 L
29 B	29 C	29 D	29 E	29 F	29 G	29 H	29 I	29 J	29 K	29 L	29 A
30 C		30 E	30 F	30 G	30 H	30 I	30 J	30 K	30 L	30 A	30 B
31 D		31 F		31 H		31 J	31 K		31 A		31 C

JAHRESTABELLE *Der Leichnam*

Jan.	Feb.	März	Apr.	Mai	Juni	Juli	Aug.	Sept.	Okt.	Nov.	Dez.
01 L	01 A	01 B	01 C	01 D	01 E	01 F	01 G	01 H	01 I	01 J	01 K
02 A	02 B	02 C	02 D	02 E	02 F	02 G	02 H	02 I	02 J	02 K	02 L
03 B	03 C	03 D	03 E	03 F	03 G	03 H	03 I	03 J	03 K	03 L	03 A
04 C	04 D	04 E	04 F	04 G	04 H	04 I	04 J	04 K	04 L	04 A	04 B
05 D	05 E	05 F	05 G	05 H	05 I	05 J	05 K	05 L	05 A	05 B	05 C
06 E	06 F	06 G	06 H	06 I	06 J	06 K	06 L	06 A	06 B	06 C	06 D
07 F	07 G	07 H	07 I	07 J	07 K	07 L	07 A	07 B	07 C	07 D	07 E
08 G	08 H	08 I	08 J	08 K	08 L	08 A	08 B	08 C	08 D	08 E	08 F
09 H	09 I	09 J	09 K	09 L	09 A	09 B	09 C	09 D	09 E	09 F	09 G
10 I	10 J	10 K	10 L	10 A	10 B	10 C	10 D	10 E	10 F	10 G	10 H
11 J	11 K	11 L	11 A	11 B	11 C	11 D	11 E	11 F	11 G	11 H	11 I
12 K	12 L	12 A	12 B	12 C	12 D	12 E	12 F	12 G	12 H	12 I	12 J
13 B	13 C	13 D	13 E	13 F	13 G	13 H	13 I	13 J	13 K	13 L	13 A
14 C	14 D	14 E	14 F	14 G	14 H	14 I	14 J	14 K	14 L	14 A	14 B
15 D	15 E	15 F	15 G	15 H	15 I	15 J	15 K	15 L	15 A	15 B	15 C
16 L	16 A	16 B	16 C	16 D	16 E	16 F	16 G	16 H	16 I	16 J	16 K
17 A	17 B	17 C	17 D	17 E	17 F	17 G	17 H	17 I	17 J	17 K	17 L
18 B	18 C	18 D	18 E	18 F	18 G	18 H	18 I	18 J	18 K	18 L	18 A
19 C	19 D	19 E	19 F	19 G	19 H	19 I	19 J	19 K	19 L	19 A	19 B
20 D	20 E	20 F	20 G	20 H	20 I	20 J	20 K	20 L	20 A	20 B	20 C
21 E	21 F	21 G	21 H	21 I	21 J	21 K	21 L	21 A	21 B	21 C	21 D
22 F	22 G	22 H	22 I	22 J	22 K	22 L	22 A	22 B	22 C	22 D	22 E
23 G	23 H	23 I	23 J	23 K	23 L	23 A	23 B	23 C	23 D	23 E	23 F
24 H	24 I	24 J	24 K	24 L	24 A	24 B	24 C	24 D	24 E	24 F	24 G
25 I	25 J	25 K	25 L	25 A	25 B	25 C	25 D	25 E	25 F	25 G	25 H
26 J	26 K	26 L	26 A	26 B	26 C	26 D	26 E	26 F	26 G	26 H	26 I
27 K	27 L	27 A	27 B	27 C	27 D	27 E	27 F	27 G	27 H	27 I	27 J
28 B	28 C	28 D	28 E	28 F	28 G	28 H	28 I	28 J	28 K	28 L	28 A
29 C	29 D	29 E	29 F	29 G	29 H	29 I	29 J	29 K	29 L	29 A	29 B
30 D		30 F	30 G	30 H	30 I	30 J	30 K	30 L	30 A	30 B	30 C
31 E		31 G		31 I		31 K	31 L		31 B		31 D

Glossar

ALTER UND TOD: *Das zwölfte Glied des abhängigen Entstehens wird durch einen Leichnam symbolisiert. Diese Stufe bezieht sich auf das Ende einer Reihe von Erfahrungen, sei es durch den Tod oder durch das Auflösen früherer karmischer Neigungen.*

ANHAFTEN: *Das neunte Glied des abhängigen Entstehens wird durch Menschen symbolisiert, die Früchte pflücken. Diese Stufe bezieht sich auf das aktive Herbeiführen von bestimmten Objekten und Situationen und auf das Festhalten an Strategien, die dem Erreichen bestimmter Ziele dienen.*

BERÜHRUNG: *Das sechste Glied des abhängigen Entstehens wird durch ein Paar symbolisiert. Diese Stufe bezieht sich auf den ersten Moment einer Erfahrung, wenn ein Sinnesorgan, seine Wahrnehmung und das Objekt seiner Wahrnehmung zusammentreffen.*

BEWUSSTSEIN: *Das dritte Glied des abhängigen Entstehens wird durch einen spielenden Affen symbolisiert. Diese Stufe bezieht sich auf den Geist eines Individuums, der mit karmischen Neigungen beladen ist.*

BUDDHA: *Ein vollkommen erwachtes oder erleuchtetes Wesen wie der historische Buddha Shakyamuni.*

EMPFINDUNG: *Das siebte Glied des abhängigen Entstehens wird durch einen Mann symbolisiert, der von einem Pfeil ins Auge getroffen wurde. Diese Stufe bezieht sich auf die Reaktion, die der anfänglichen Erfahrung folgt, und führt zu einer angenehmen, unangenehmen oder neutralen Empfindung.*

GEBURT: *Das elfte Glied des abhängigen Entstehens wird durch eine gebärende Frau symbolisiert. Diese Stufe ist durch eine tatsächliche Geburt oder durch den Beginn einer neuen Phase im Leben eines Individuums gekennzeichnet.*

GESTALTUNGEN: *Das zweite Glied des abhängigen Entstehens wird durch einen Töpfer symbolisiert. Diese Stufe bezieht sich auf die Motivationskräfte, die sich aus der Restenergie der karmischen Handlungen eines Individuums herleiten. Sie bestimmten die Erfahrungen, die dieses Individuum macht.*

GÖTTER: *Die Welt der Götter oder der Himmel ist einer der sechs Daseinsbereiche im tibetischen Rad des Lebens. Diese Ebene ist durch Stolz gekennzeichnet.*

HALBGÖTTER: *Die Welt der Halbgötter ist einer der sechs Daseinsbereiche im tibetischen Rad des Lebens. Diese Ebene ist durch Eifersucht und Neid gekennzeichnet.*

HÖLLEN: *Einer der sechs Daseinsbereiche im tibetischen Rad des Lebens. Diese Ebene ist durch Wut und Hass gekennzeichnet.*

HUNGRIGE GEISTER: *Die Welt der hungrigen Geister ist einer der sechs Daseinsbereiche im tibetischen Rad des Lebens. Diese Ebene ist durch Geiz und Habgier gekennzeichnet.*

KARMA: *Der Prozess, der den Kreislauf der Geburten und Tode aufrechterhält. Unter Karma versteht man traditionell die Motivationen und die sich daraus ergebenden Handlungen eines Individuums. Diese Handlungen sind üblicherweise negativ, obwohl sie in einem beschränkten Rahmen positiv sein können.*

KREISLAUF DER WIEDERGEBURTEN: *Der kontinuierliche Kreislauf von Geburten und Toden, der von nicht erleuchteten Wesen aufgrund ihrer karmischen Handlungen erfahren wird. Es gibt sechs Daseinsbereiche, in die ein Wesen hineingeboren werden kann: die Welt der Götter, der Halbgötter, der Menschen, der Tiere, der hungrigen Geiser und der Höllenwesen.*

MEDITATION: *Eine Technik, die verwendet wird, um geistigen Frieden und spirituelle Einsichten zu erlangen. Die Praxis der Meditation ist das Hauptmittel zur Erlangung spiritueller Erleuchtung.*

MENSCHEN: *Die Menschenwelt ist einer der sechs Daseinsbereiche im tibetischen Rad des Lebens. Diese Ebene ist durch Anhaften und Gier gekennzeichnet.*

NAME UND FORM: *Das vierte Glied des abhängigen Entstehens wird durch zwei Menschen in einem Boot symbolisiert. Diese Stufe bezieht sich auf Körper und Geist eines Individuums mit allen dazu* gehörenden Funktionen des Gefühls, der intellektuellen Prozesse und der Motivationen.

NEGATIVE GEFÜHLE: *Es gibt sechs negative Schlüsselgefühle: Wut, Anhaften, Dummheit, Gier, Eifersucht und Stolz. Daraus ergeben sich weitere negative Emotionen. Negative Gefühle bilden die typischen Strategien, mit denen der Ego-Geist der Welt begegnet und negatives Karma erzeugt.*

NIRVANA: *Ein Zustand des inneren Friedens, in dem ein Individuum Befreiung aus dem Kreislauf der Geburten und Tode erreicht.*

SECHS SINNESBEREICHE: *Das fünfte Glied des abhängigen Entstehens wird durch sechs leere Häuser symbolisiert. Diese Stufe bezieht sich auf die sechs Sinnesorgane Augen, Ohren, Nase, Zunge, Körper und Geist und die dazugehörigen Wahrnehmungsfähigkeiten.*

TIERE: *Die Welt der Tiere ist einer der sechs Daseinsbereiche. Dieser Bereich ist durch Dummheit gekennzeichnet.*

UNWISSENHEIT: *Das erste Glied des abhängigen Entstehens wird durch einen Blinden symbolisiert. Diese Stufe bezieht sich auf die mangelnde Einsicht, dass alles im Leben unbeständig und letztendlich unbefriedigend ist.*

VERLANGEN: *Das achte Glied des abhängigen Entstehens wird durch trinkende Menschen symbolisiert. Diese Stufe bezieht sich auf den intensiven Wunsch, an einem Objekt oder einer Situation festzuhalten, die angenehme Gefühle hervorrufen, oder auf den Wunsch, einem Objekt oder einer Situation zu entfliehen, die unangenehme Gefühle hervorrufen.*

WERDEN: *Das zehnte Glied des abhängigen Entstehens wird durch eine schwangere Frau symbolisiert. Auf dieser Stufe wird das Individuum zu neuen Erfahrungen und in neue Situationen geführt, vielleicht sogar zu einer Wiedergeburt.*

Weiterführende Literatur

Avedon, John F.: *In Exile from the Land of Snows.* New York: Knopf, 1984

Avedon, John F.: Tibet Today: *Current Conditions & Prospects.* London: Wisdom Publications, 1988

Bernbaum, Edwin: *Der Weg nach Shambhala.* Freiburg: Hermann Bauer, 1995 (2. Auflage)

Beyer, Stephan: *The Cult of Tara. Magic and Ritual in Tibet.* Berkeley: University of California Press, 1973

Brauen, Martin: *The Mandala.* London: Serindia Publications, 1997

Cabezon, Jose Ignacio Ed.: *Tibetan Literature.* New York: Snow Lion, 1996

Chang, Garma: *The Six Yogas of Naropa.* New York: Snow Lion, 1977

Fremantle, Francesca und Chögyam Trungpa: *Das Totenbuch der Tibeter.* München: Diederichs, 1995 (17. Auflage)

Guenther, Herbert: *Buddhist Philosophy in Theory and Practice.* Boston: Shambhala Publications, 1972

Gyatso, Tenzin, H.H. The Dalai Lama: *Kindness, Clarity and Insight.* New York: Snow Lion, 1984

Gyatso, Tenzin, H.H. The Dalai Lama: *Healing Anger.* New York: Snow Lion, 1997

Hodge, Stephen: *Tibetan Buddhism.* London: Piatkus Books, 1999

Hodge, Stephen and Housden, Roger: *The Tibetan Oracle.* New York: Harmony Books, 1998

Hodge, Stephen und Boord, Martin: *Das illustrierte Tibetische Totenbuch.* Neuhausen: Urania, 1999

Kalu Rinpoche: *Geflüsterte Weisheit.* Frankfurt: Krüger, 1997

Lhalungpa, Lobsang: *Life of Milarepa.* Boston: Shambhala Publications, 1996

Norbu, Thubten Jigme und Thurnbull, Colin M.: *Geheimnisvolles Tibet.* Freiburg: Herder, 2000

Nyi-Ma Rinpoche, Chokyi: *The Bando Guidebook.* Kathmandu: Rangjung Yeshe, 1991

Rabten, Geshe: *Auf dem Weg zur geistigen Freude.* Hamburg: dharma edition, 1994

Rangdol, Tsele Natsok: *The Mirror of Mindfulness.* Boston: Shambhala Publications, 1989

Saddhatissa, H.: *Buddhist Ethics.* London: Wisdom Publications, 1997

Shakabpa, W. D.: Tibet: *A Political History.* New Haven: Yale University Press, 1967

Snellgrove, David: *Indo-Tibetan Buddhism.* Boston: Shambhala Publications, 1987

Sogyal Rinpoche: *Das tibetische Buch vom Leben und vom Sterben.* München: Scherz, 1993

Tarthang Tulku: *Offene Bewußtheit.* Münster: Nyingma, 1992

Tarthang Tulku: *Skillfull Means.* Berkeley: Dharma Publishing, 1978

Trungpa, Chögyam: *Spirituellen Materialismus durchschneiden.* Berlin: Theseus, 1999 (4. Auflage)

Trungpa, Chögyam: *Der Mythos der Freiheit.* Berlin: Theseus, 1996 (3. Auflage)

Thurman, Robert: *The Tibetan Book of the Dead.* New York: Bantam Books, 1994

Wallace, Vesna und B. Alan: *A Guide to the Bodhisattva Way of Life.* New York: Snow Lion, 1997

Adressen

Hier haben wir eine Auswahl von Adressen größerer Zentren für tibetischen Buddhismus in Deutschland, Österreich, der Schweiz, Frankreich, den Niederlanden, Großbritannien, den Vereinigten Staaten und Kanada für Sie zusammengestellt. Viele davon gehören zu einer größeren Organisation. Wenn Sie kein Zentrum in der Nähe Ihres Wohnortes finden, können Sie sich an eine dieser Organisationen wenden, um weitere Informationen zu bekommen. Wenn Sie Zugang zum Internet haben, finden Sie eine umfassende Auflistung von buddhistischen Gruppen auf der ganzen Welt unter:

http://www.dharmanet.org/infoweb.html.

DEUTSCHLAND

Shambhala Europa
Annostraße 27-33
50678 Köln
Tel. 0221 3102400

Shambhala-Zentrum Bonn
Rittershausstraße 15
53113 Bonn
Tel. 0228 222341

Shambhala-Zentrum Freiburg
Stühlingerstraße 8
79115 Freiburg
Tel. 0761 278405

Shambhala-Zentrum Hamburg
Thedestraße 99
22767 Hamburg
Tel. 040 3895235

Shambhala-Zentrum Marburg
Karma Dzong
Zwetschgenweg 23
35037 Marburg
Tel. 06421 33607

Shambhala-Zentrum München
Welfenstraße 12
81541 München
Tel. 089 4488452

ÖSTERREICH

Shambhala-Zentrum Wien
Westbahnstraße 32-34/2/22
1070 Wien
Tel. 0222 5233259

ADRESSEN

SCHWEIZ

Shambhala-Zentrum Bern
Funkstraße 116
3084 Bern
Tel. 031 9612418

FRANKREICH

Dechen Chöling
Shambhala Landzentrum
Les Mas Marvent
87700 Saint Yriex sous Aixe
Tel. 0550 35552

NIEDERLANDE

Shambhala Centrum Amsterdam
1e J.v. Campenstraat 4
1072 BE Amsterdam
Tel. 020 6794753

Großbritannien

Cho Khor Ling, Marpa House
Rectory Lane, Ashdon,
Saffron Walden CB10 2HM.
Tel.: 01789 584415

Dechen Community
15 Parkfield Rd, Aigburth,
Liverpool L17 8UG.
Tel.: 0151 727 0108

Dzogchen Community UK
14d Chesterton Rd.
London W10 5LX.
Tel.: 020 8964 1176

Jamyang Meditation Centre
The OLD Courthouse, Renfrew Rd,
London SE11 4NB.
Tel.: 020 7820 8787

Lam Rim Buddhist Centre
Pentwyn Manor, Penrhos, Raglan,
Monmouthshire NP5 2LE.
Tel. : 01600 780383

Longchen Foundation
30 Beechley Ave, Old Marston,
Oxford OX3 0PU.
Tel.: 01865 725569

Nezang Buddhist Meditation Group
5 Sedley Taylor Rd,
Cambridge CB2 2PW
Tel.: 01223 340090

Rigpa Fellowship
330 Caledonian Rd,
London N1 1BB
Tel.: 020 7700 0185

Samye Ling Tibetan Centre
Eskdalemuir, Langholm,
Dumfriesshire DG13 0QL
Tel.: 01387 373232

Thrangu Rinpoche House
76 Bullingdon Rd,
Oxford OX4 1QL
Tel.: 01865 241555

Tibet Foundation
10 Bloomsbury Way,
London WC1A 2SH.
Tel.: 020 7404 2889

USA

Ati Ling
PO Box 6624, Santa Rosa,
California 95406, Tel.: 707 944 1907

Dagom Ganden Tensung Ling
Buddhist Monastery
102 Clubhouse Drive, Bloomington,
Indiana 47404, Tel.: 812 339 0857

Drepung Loseling Monastery
2625 Piedmont Rd. Suite 56473
Atlanta, Georgia 30324
Tel.: 404 816 5510

Drikung Kagyu Center
31000 Hasley Canyon, Castaic,
California 91384 Tel.: 805 257 2943

Kadamper Center
7404-G Chapel Hill Road, Raleigh,
North Carolina 27607
Tel.: 919 859 3433

Kagyu Droden Kunchab
1892 Fell St, San Francisco,
California 94918

Karma Triyana Dharmachakra
352 Meads Mountain Road, Woodstock,
New York 12498

Karme Chöling
RR 1, Box 3, Barnet, Vermont 05821
Tel.: 802 633 2384

Kunzang Palyul Chöling
18400 River Road, Poolesville,
Maryland 20937, Tel.: 301 428 8116

Namgyal Monastery Insitute
of Buddhist Studies
PO Box 127, Ithaca, New York 14851
Tel.: 607 273 0739

The Naropa Insitute
2130 Arapahoe Ave.
Boulder, Colorado 80302
Tel.: 303 444 0202

Nyingma Center
2425 Hillside Ave, Berkeley,
California 94704
Tel.: 707 785 2537

Padmasambhava Buddhist Center
2046 NW Overton #8, Portland,
Oregon 97209
Tel.: 503 335 0379

Rigpa US National Headquarters
San Francisco, California
Tel.: 415 392 2055

Sakya Monastery of Tibetan Buddhism
108 NW, 83rd Street, Seattle,
Washington 98109
Tel.: 206 789 2573

Vajrapani Institute
PO Box 2130, Boulder Creek,
California 95006
Tel.: 831 338 6654

KANADA

Dakshong Gonpa
PO Box 64, Lac du Bonnet, Manitoba
R0E 1A0. Tel.: 204 345 9576

Dharma Centre of Canada
153 Riverdale Ave, Toronto, Ontario
Tel.: 416 778 8193

Gampo Abbey
Pleasant Bay, Nova Scotia B0E 2P0
Tel.: 902 224 2752

Kagyu Kunkhyab Chuling
4939 Sidley St, Burnaby,
British Columbia V5J 1T6
Tel.: 604 434 4920

Marpa Gompa Changchup Ling
77 Governor Drive SW, Calgary,
Alberta T3E 4Y8. Tel.: 403 240 9836

Novayana House
10139 72nd St, Edmonton,
Alberta T6A 2W2. Tel.: 403 469 0268

Rigdrol Dechen Ling
379 Valleyview Cr, Whitehorse
Yukon Y1A 3C9. Tel.: 867 667 2340

Rigpa Canada
PO Box 71047, Vancouver,
British Columbia V6N 4J9
Tel.: 604 263 8842

Riwoche Tibetan Buddhist Temple
28 Heintzmann St, Toronto,
Ontario M6P 2J6. Tel.: 416 766 7964

Shambhala International
1084 Tower Road, Halifax
Nova Scotica B3H 2Y5.
Tel.: 902 425 4275

St. John's Shambhala Study Group
1 Maxse St, St. John's,
Newfoundland E1C 2S6
Tel.: 709 753 5156

Temple Bouddhiste Tibétain de Montréal
1870 de l'Eglise, Montréal,
Québec H4E 1G8.
Tel. : 514 765 3515

Thubten Choling
5810 Wilson Ave, Duncan,
British Columbia V9L 1K4.
Tel.: 604 746 8110

Winnipeg Dharma Study Group
847 Westminster Ave, Winnipeg,
Manitoba R3G 1A7.
Tel.: 204 772 5808

Danksagung

Ich danke all den Menschen, die an der Entstehung dieses Buches beteiligt waren, für die Ermutigung und das Verständnis, mit dem sie dieses ungewöhnliche Projekt begleitet haben. Besonders erwähnen möchte ich meine Lektorin Jane Laing, deren Geduld und professionelle Fachkenntnis mir eine enorme Hilfe waren. Mein Dank geht auch an Tsering Dorje, der seine anfänglichen Bedenken über Bord warf und viele Stunden damit verbrachte, die wunderschönen Illustrationen im traditionellem tibetischem Stil anzufertigen. Und schließlich bedanken wir uns alle bei Generationen von Tibetern, die so viele literarische Schätze über die Jahrhunderte bewahrt und es damit möglich gemacht haben, dass der spirituelle Reichtum Tibets nun an den Westen weitergegeben werden kann.